HISTOIRE DE LA CAMPAGNE

DE

Mil ſept Cent cinquante ſept,

SUR

LE BAS-RHIN, DANS L'ELECTORAT D'HANOVRE ET AUTRES PAIS CONQUIS.

A FRANCFORT,

1757.

A. M. T. C. D.

Un ouvrage, M. que la verité a dicté ne pouvoit etre offert qu'a l'amitié, c'est à ce titre si peu connu chez les hommes de vôtre rang, que je vous presente l'histoire d'une Campagne que vous avez faite avec distinction.

Continués, M. à mépriser ces importans qui, pendant la guerre emplissent Paris d'un faste qui les avilit, & emploiéz les loisirs que l'hiver vous laisse à cultiver les lettres que vous aimez.

Je suis de tout mon cœur, M.

Vôtre très humble Serviteur,
CHEVRIER.

AVERTISSEMENT
DE L'AUTEUR.

Quoi qu'on parle, dans cet ouvrage, de beaucoup de perſonnes vivantes, on n'a conſulté que la verité pour ecrire l'hiſtoire d'une Campagne memorable.

Les memoires non ſuſpects qui ont été remis à l'Auteur, l'ont guidé, il n'a eû ny le projet de loüer, ny le deſſein de blamer, l'Impartialité doit ſeule conduire un hiſtorien, les Lecteurs veront, en liſant ce livre, que l'Auteur ne s'eſt point écarté des préceptes qu'il annonce dans ce petit Avertiſſement.

Hiſtoire

Histoire de la Campagne de mil sept cent cinquante sept, sur le Bas-Rhin, dans l'Electorat d'Hanovre & autres païs conquis.

LA mort de l'Empereur Charles VI. fit renaitre des troubles dont l'Europe n'etoit point encore relevée, ce Prince qui n'avoit point d'Enfans mâles, laissoit des Etats nombreux à cette Reine celebre qui réunit les charmes de son sexe, aux vertus des grands hómmes.

L'Empire dont elle ne pouvoit point heriter ſuivant la Bulle d'or, ſouleva l'ambition de pluſieurs Princes, qui en reclamoient les conſtitutions, en les violant, on ſait qu'elle furent les pretentions de l'Electeur de Baviere à qui la France promettoit la Couronne Imperiale qu'elle ne pouvoit donner, & dont elle diſpoſa par un de ces evenemens ſinguliers, faits pour etonner la poſterité.

Le Roi de Pruſſe ſortoit d'une eſpece de captivité dans laquelle il cultivoit les arts qui adouciſſent les malheurs, placé ſur le trône, il montra bientôt à l'univers qu'il avoit appris à regner en apprenant à penſer, ſon pere avoit entretenu à grands frais des coloſſes qui etonnoient & ne ſavoient point ſe ſe battre, Frederic renvoya ces hommes inutiles & ne garda que des Soldats, jeune, inſtruit de ſes forces & par la même ambitieux, il entra dans une guerre dont il profita ſeul.

On ſait aſſés avec quel acharnement toutes les puiſſances combattirent jusqu'en mil ſept cent quarente huit, l'Europe deſolée ne préſentoit que des malheurs, toutes les parties belligerantes en etoient accablées, mais la crainte de montrer une faibleſſe réelle les empechoit de ſe plaindre; L'Angleterre obligée d'entretenir des flottes nombreuſes, & d'avoir une armée dans le centre de ſes royaumes que la france menaçoit au nom de la maiſon de Stuard, etoit encore contrainte de deffendre les

Barrieres de la Hollande avec ſes trouppes nationales & celles de ſes alliées qu'elle payoit, l'Eſpagne voyoit avec regret ſes provinces depeuplées pour recruter une armée affaiblie par les maladies & par les Batailles de plaiſance & du tidon, le Roi de Sardaigne qui avoit abandonné l'alliance de la france pour combattre contre elle, venoit, par la journée d'Aſti, de rentrer dans ſes Etats d'Italie, mais la deſolation qu'il y trouvat, diminuoit le prix de cette conquette, d'ailleurs la Savoye occupée par les Eſpagnols payoit avec peine des contributions neceſſaires. Les genois moins alliés que protégés de la france, avoient abandonné la capitale de la Republique aux armes des Autrichiens. Le General Botta avoit traité

traité avec le ſenat. Le peuple, au mépris du droit des gens, viola une capitulation ſacrée, les nobles deſavouerent la populace & profiterent de ſa bravoure, mais les ennemis repouſſés ne pouvoient rendre l'activité à la Banque de St. George, le credit de la Republique qui réſide en elle, etoit epuiſé par les ſommes immenſes que les Autrichiens en avoient tirées, & cet Etat autrefois ſi puiſſant n'avoit plus que l'Isle de corſe que les Piemontois occupoient encore, le Duc de Modéne forcé de quitter ſa Reſidence, combattoit avec les François & les Eſpagnols. Le Roi de Pologne victime continuelle de la ſituation de ſon Electorat de Saxe, avoit été obligé d'abandonner Dreſde & de laiſſer une nation aussi brave que fidelle en proïe aux Prussiens ; tandis qu'il alloit chercher un azile dans Prague menacé par son ennemi, on dévastoit ses Etats, position malheureuse bien éloignée alors de ce que la Saxe ressent aujoud'hui. Les Hollandois consternés depuis la prise mémorable de Berg-op-Zoom, s'apperçevoient plus que jamais du deperissement de leur commerce, le Stadtouderat qu'ils renouvèllerent, ne servit qu'à leur faire mieux sentir leur faiblesse, le Roi de Prusse semblable à ces hommes celebres qui ne regnent qu'au grè de leurs interets, s'etoit uni & separé tour-a-tour de la France, l'Electeur de Bavière qui avoit vû l'Empereur son Pere mourir accablé d'honneurs & de chagrins, vouloit regner en paix dans

dans un Etat rüiné. La Reine d'Hongrie opposoit aux revers qui l'environnoient sa fermeté, la prudence courageuse de son mari, la bravoure du Duc de Lorraine son beau Frere, la valeur de ses trouppes & les tresors de l'Angleterre, la France chargée de victoires & de trophées n'en etoit pas plus heureuse, sa marine en desordre, & le Cap-Breton conquis par les Anglois portoient une atteinte considerable au commerce de la Compagnie des Indes, il est vrai que l'interieur du Royaume ne payoit point ces Impots onereux que Louis XIV avoit etablis dans des tems de crise; si on en excepte le dixieme & quelques petits droits, qui ne sont utiles qu'a ceux qui sont chargés de les perçevoir, le Royaume etoit dans ſa poſition naturelle ; les conquettes multipliées, & les contributions des païs conquis ruïnent le peuple qui ſuccombe, ſans enrichir ſon vainqueur, on ſait que l'argent qu'on tire des ennemis circule dans l'armée, & n'entre gueres dans les coffres de l'Etat.

Telle etoit la ſituation de l'Europe, lorſque Maſtreicht prèt à tomber ſous la puiſſance de Louis XV, fit ouvrir les yeux aux Provinces unies, elles ſentoient bien que toutes les Puiſſances belligerantes avoient beſoin de la paix, l'Angleterre ne cherchoit que les moyens d'entamer une négotiation, mais comment demander la paix à la France? Elle tenoit tout, on craignoit d'ailleurs que le le Monarque victorieux n'imposât des conditions dures, & on ne peut dissimuler que cette crainte paroissoit vraissemblable, l'extréme moderation de Louis XV. ne pouvoit gueres se concevoir.

Le Roi de France instruit, que ses ennemis veüllent la paix, demande un congrés, on s'assemble à Aix-la Chapelle, les Plénipotentiaires de toutes les Puissances sont impatiens de savoir quelles loix le vainqueur va préscrire, un des Ministres de Sa Majesté très-Chrêtienne commence par annoncer, que *son Maitre ne veut rien*, on sait avec quelle admiration l'Ambassadeur de Londres en ecrivit à sa cour, il etoit assés ordinaire d'entendre dire alors que le Roi de France en agissant ainsi, *donnoit* la paix & ne la *faiſoit* point.

Celle paix tant deſirée & ſi néceſſaire, fut enfin concluë, le ſeul avantage que Louis XV. en retira, fut le titre de Pacificateur de l'Europe, qualification glorieuſe plus digne de l'immortalité, que la conquette d'une Province.

Les Miniſtres plenipotentiaires occupés du ſeul objet de retablir la paix, avoient preſſé ce grand ouvrage, les principales difficultés une fois applanies, il reſtoit quelques acceſſoires, on en remit la déciſion à des Commiſſaires particuliers, les limites de l'Acadie qu'il etoit important de regler, furent le motif des conferences que l'on tint après la paix, l'Anl'Angleterre ambitieuſe veut etendre ſes poſſeſſions, la France equitable veut demeurer dans les ſiennes.

La cour de Londres qui s'appercût que la voye de la negotiation, ne pouvoit lui etre favorable, ordonnat à ſes Commiſſaires de travailler avec lenteur, & de finir par ne rien conclure, tandis que le Duc aujourd'huy Maréchal de Mirepoix negotioit en Angleterre avec certe ſagacité qui la diſtingué dans ſes differentes ambaſſades, on commettoit des hoſtilites dans l'Amerique ſeptentrionale, Milord Abermarle né pour plaire & pour ſervir ſon Roi ſans l'avilir, ecrivoit à Londres qu'il s'etoit acquis trop de confiance à Verſailles, pour vouloir tromper la Cour.

Le Marquis de Vaudreüil, qui avoit incessament les yeux ouverts sur la conduite des Anglois, ne laissa point ignorer au Ministére François, qu'il deméloit des projets contraires aux traités & nuisibles aux interets de son Maitre, tandis que ce Commendant ecrivoit ainsi, les Anglois se rendoient coupables d'une action odieuse, il est inutile de dissimuler ici, que le premier acte de violation de la paix, fut un assasinat commis sur la personne d'un Officier François, des préliminaires aussi cruels n'ont été que trop justifiés par les pirateries qui ont suivi.

On se rappelle que la France voulant se maintenir dans ses possessions de l'Amerique, sur lesquelles

quelles l'Angleterre avoit deja fait des uſurpations, arma quelques Vaiſſeaux pour proteger le tranſport des trouppes qu'elle faiſoit paſſer dans le Canada, Mr. Hocquart qui commandoit cette flotte, rencontre les Anglois, il s'apperçoit par leurs manœuvres, qu'on va l'attaquer, il fait demander par Mr. de Roſtain Officier de l'Etat Major, ſi on eſt en paix ou en guerre, les Anglois crient *la paix*, & tuent par leur première décharge celuy à qui ils adreſſent cette parole, le *Lis* & *l'Alcide* forcés de ceder au nombre ſont pris, à cette nouvelle toute l'Anglèterre arme en courſe, les Batimens François, qui ſur la ſecurité de la paix, ſe trouvent dans les ports de la Grande-Bretagne, ſont pris, leurs cargaiſons venduës dües & les matelots mis aux fers, tandis que la cour de Londres agit ainsi, le Roi de France renvoye les prises que ses armateurs avoient faites par répressailles sur les Anglois, cette generosité rend le peuple de Londres plus feroce, on dit le peuple, parce qu'on a une idée trop juste de l'elévation des sentimens du Roi d'Angleterre pour ne pas etre seur qu'il à desavoüé vingt fois, une conduite aussi injuste, mais un Roi en Angleterre n'est que le premier citoyen, & un seul homme avec des vües honétes, ne peut prévaloir sur les projets effrenés d'une populace licentieuse.

Louis XV. craignant toujours d'enlever à l'Europe la paix qu'il luy avoit donnée, suspendit sa ven-

vengeance, non pas qu'il cachat les raiſons qu'il avoit de ſe plaindre, la diſſimulation qui eſt une vertu chez les hommes ordinaires, devient un vice chez les Rois, trop grands pour s'abaiſſer à feindre, ils ne diſſimulent jamais ſans fourberie, ce Prince, qui humiliat la nobleſſe pour ſoulager le peuple, Louis XI. n'a jamais été ſi petit que quand il voulut diſſimuler, on ſe contenta de rappeller Mr. le Duc de Mirepoix.

Le Roi de France forcé de ceder à la voix de ſon peuple, qui demandoit juſtice des prirateries que les Anglois exercoient, juſques dans les Ports neutres, ſur les vaiſſeaux de la nation, ordonna à Mr. Roüillé alors Miniſtre des affaires étrangeres d'ecrire à Mr. Fox

Fox qui rempliſſoit la même place à la cour de Londres, l'objet de cette lettre etoit d'expoſer à l'Angleterre, les torts qu'elle avoit eûs d'enfraindre la paix par la priſe des vaiſſeaux de guerre le Lis & l'Alcide, ſuivie d'une quantité conſiderable de batimens marchands, que S. M. tr. Chr. ſur priſe d'une ſemblable conduite avoit attendû juſqu'alors que S.M. B. en condamnant les procedés de ſes amiraux, ordonneroit ellemême la reſtitution de toutes ces priſes qu'elle ne pouvoit regarder comme légitimes, puiſqu'elles avoient été faites contre le droit des gens & la ſureté publique, on finiſſoit pas dire que ſur les pretentions reſpectives des deux Cours, on ne s'éloigneroit jamais de la voye de la négotiation, mais qu'il qu'il etoit important de restituer au préalable les vaisseaux, Batimens, cargaisons, chargemens ou leurs valeurs, que le Roi tres chretien n'enteroit dans aucune médiation que ces Restitutions n'ayent eû lieu, & qu'il en regarderoit le refus comme un deni de Justice & une déclaration autentique de guerre.

Cette Lettre dictée par la sagesse fournissoit à l'Angleterre les moyens de conserver la paix sans dégrader la pretendüe *Majesté de son peuple*, mais la Nation Angloise jalouse de voir la marine de france reprendre une splendeur qu'elle redoutoit, vouloit la guerre, son Roi n'etoit pas le maitre, & M. Fox qui avoit tout à craindre du peuple, servoit moins son souverain

rain que les caprices de la multitude, le Miniſtre Britannique repondit a M. Roüillé que le Roi d'Angleterre voyoit à regret les approches d'une guerre ſanglante, mais que l'Interet de ſon trone, la gloire de ſa couronne & le bonheur de ſes peuples exigeoient qu'il conſervat ſes poſſeſſions, que cependant ſon amour pour la paix ne rejetteroit aucune voye de conciliation, mais que la reſtitution préliminaire des Vaiſſeaux etoit une clauſe que ſa dignité ne lui permettroit jamais d'admettre.

Cette Reponſe ne ſurprit point la cour de Verſailles, le Roi des ce moment pouvoit commencer les hoſtilitéz, ſa lettre lui laiſſoit ce droit, mais les ſouverains doivent aux nations un compte de leur

eur conduite, ce n'etoit pas aſſés pour Louis XV. que la cour de Londres connût les cauſes qui alloient le contraindre à prendre les armes, il voulut etre jugé ſur le manifeſte qu'il publia alors.

Cette piéce preſente aux yeux du public impartial la conduite des deux Potentats, ecrite avec autant de force que d'elegance, elle n'honore pas la nation Angloiſe.

Je n'aurois pas manqué de l'inſerer ici, ſi tous les ecrits périodiques ne l'avoient rapportée. Ce fut d'après la publication de ce manifeſte, que S. M. tr. Chr. fit armer à Toulon une flotte aux ordres du Marquis de la Galiſſonière, & ordonna au Maréchal de Richechelieu de ſe rendre dans cette ville pour y prendre le commendement d'une armée qui n'attendoit qu'un Chef pour faire une deſcente dans l'Isle de Minorque que les Anglois avoient uſurpée en mil ſept cent huit ſur les Eſpagnols.

Ce projet n'allarma point la cour de Londres, elle avoit près de Gibraltar une flotte ſuperieure à celle de France, l'Amiral Bing la commendoit, d'ailleurs la ſituation du Port-Mahon le Fort le plus redoutable de l'Europe, raſſuroit les Eſprits, on ſait, cependant que l'Amiral Anglois fut battu, & que Minorque fut conquiſe, ce ſeul evenement feroit la réputation d'un héros.

Le

Le peuple de Londres outré d'un echéc imprevû , jettat ſes premiers regards ſur le Miniſtére, mais on eût l'addreſſe de les faire tourner ſur Bing honnete - homme que la politique ſeule vouloit rendre coupable , cet infortuné Amiral fut arreté, on le condamna pour appaiſer le peuple, qui auroit pû demander un autre ſang ; la mort de Bing ſera le ſecond de ces crimes hardis que la poſterité reprochera à la nation angloiſe.

Avant que le Roi de France ſonge à s'emparer de l'Isle Minorque, le Roi de Pruſſe qu'on admire, lors même qu'on trouve à le blâmer, ne rompt point ouvertement avec la cour de Verſailles, mais par un traité adroitement conçû, ce Monarque qui paroit ne reſpirer que le bonheur de l'Empire, met la France dans le cas de ne point y attaquer les poſſeſſions du Roi d'Angleterre, ſans avoir le Roi de Pruſſe pour ennemi; cette convention meditée avec cet Eſprit lumineux, qui ſeduit presque toûjours, auroit retardé les operations de la France, ſi elle n'eut traité avec la Reine de Hongrie.

Cette Alliance le fruit d'une ſageſſe conſommée, avoit été projettée autrefois par le Cardinal de Fleuri; cequ'un vieux Miniſtre ne put faire ſous un jeune Roi qu'il auroit dû montrer plutot à ſon peuple, ce même Prince inſtruit par luy-même la fait, c'eſt à ce traité ſi digne d'être conſigné

ſigné dans les faſtes du monde, que l'on devra bientot une tranquilite durable.

Les Maiſons de Bourbon & d'Autriche deviennent amies par le même principe de gloire qui les rendoit rivales, liées autrefois par le ſang, ces liens ſacrés vont etre reſſerrés par des nœuds qui doivent à jamais réunir ces deux Puiſſances, d'ailleurs le Chef de l'Auguſte Maiſon de Lorraine, qui l'eſt devenû de l'Empire, eſt allié de trop prés au Roi de France, pour ne pas croire, que ces deux Monarques les prémiers de l'Europe, n'employent leurs ſoins à cimenter de plus en plus une union qui ſera l'epoque la plus brillànte de leur hiſtoire.

 A pei-

A peine le traité du premier mai mil sept-cent cinquante six fut-il rendû public que le Roi de Prusse crût apperçevoir que cette convention luy portoit une atteinte dangereuse; en s'alliant avec l'Angleterre, ce Prince avoit bien pû penser qu'il auroit les François à combattre comme ennemis de la cour de Londres, mais jamais comme amis de celle de Vienne, le Roi de la Grande-Bretagne etonné d'une Alliance, qui pouvoit tourner contre luy, quoiqu'il fut nominativement excepté, ne pût s'empecher d'en temoigner sa surprise, on se souvient qu'en parlant en Souverain au parlement qui le gouverne, il traitat cet evenement *d'incroyable*.

Le Roi de Prusse, qui par la position

ſition de ſes Etats, ne doit jamais le laiſſer prévenir, conçut, ou pour mieux dire, executat le projet qu'il avoit formé, de s'Emparer de la Saxe & delà faire une Irruption dans la Bohéme, on voit par les Ecrits que ce Monarque diſtribua alors que ſon projet, étoit de forcer la Reine d'Hongrie à luy demander la paix, & à lui garentir la Siléſie pour laquelle il affectoit des craintes reélles, on ne rapellera point ici les déſolations ſucceſſives que l'Electorat de Saxe eſſuya, il n'y eût qu'un cri dans l'Europe contre le Roi de Pruſſe, les choſes même que le droit de la guerre luy permettoit, furent blâmées, parcequ'il en fit beaucoup d'autres, qui n'etoient point point autoriſées par ce même droit, & que le public prevenû confont tout.

Le Roi de France & la Reine de Hongrie alliés du Roi du Pologne comme Electeur de Saxe, ne virent point de sang froid les Etats de ce Prince dévastés par un Roi qui n'avoit demandé que le passage, qu'on luy accorda, parcequ'on ne put le luy refuser.

Sa Majesté très-chrêtienne vivement touchée des malheurs de la Saxe, que les pleurs de Madame la Dauphine luy rendoient plus sensibles, n'attendit point que la Reine de Hongrie demandat l'exécution de la convention du prémier Mai, les trouppes eurent ordre de marcher aux ordres du Prince de Soubise, & comme l'intention du Roi de France etoit d'aider la Reine d'Hongrie & le Roi de Pologne de toutes ses forces, il chargea le Com-

Comte de Broglio ſon Ambaſſadeur à Dreſde d'aſſurer ce Prince que le Roi ſon Maitre emploiroit toutes ſes trouppes pour le retablir dans ſes Etats Electoraux; dans le même tems Louis XV. toujours fidelle à ſes engagemens envoya le Comte aujourd'huy Maréchal d'Eſtrées à la cour de Vienne, l'objet de cette miſſion importante, étoit d'y concerter avec le Miniſtere autrichien les projets qu'une nouvelle Armée qu'on aſſembloit, devoit exécuter, cette commiſſion ne pouvoit être mieux remiſe qu'au héros, qui alloit luy-même mettre en exécution le plan de la campagne qu'il venoit de former. On ſait que le Maréchal d'Eſtrées emportat de Vienne l'Eſtime de leurs

Majeſtés Impériales & l'admiration des Miniſtres.

Tandis que le negotiateur françois préparoit aux alliés de ſon Maître les ſuccès d'une campagne brillante, le Prince de Soubiſe marchoit à la tête de l'Armée françoiſe & de trois mille autrichiens vers les Etats que le Roi de Pruſſe poſſédoit ſur le Bas-Rhin. Le General françois arriva le prémier Avril mil ſept cent cinquante ſept ſur la Baſſe Meuſe, il y aprit avec Etonnement que les Pruſſiens venoient d'Evacuer Weſel, cette ville autrefois Imperiale & Anſéatique depent aujourd'hui du Duché de Cleves dont elle fait partie, & appartient à la Maiſon de Brandebourg, ſituée ſur la rive droite du Rhin, & environnée de forti-

fortifications presque inexpugnables, Wesel passe pour une place aussi forte que Luxembourg, la cour de Londres à qui le Roi de Prusse avoit fait part depuis longtems du projet, qu'il avoit d'abandonner cette place, s'opposa vivement aux Intentions de ce Prince, pressé même d'alleguer, à son allié, les raisons qui le determinoient à prendre ce parti, il dit que pour deffendre une place telle que Wesel, il faloit vne Garnison de vingt-cinq mille hommes, & il prouva qu'un nombre aussi considerable de trouppes luy seroit bien plus utile ailleurs; ceque le Roi de Prusse exposoit à l'Angleterre etoit vrai, mais ces motifs quelque justes qu'ils fussent, ne le determinerent cependant pas, la Lenteur seule des Hanoviens, qui ne vouloient prendre aucun parti, le decida, en effet en laissant assieger Wesel, il n'est pas douteux que les François malgrè la bravoure du Prince de Soubise, & l'art de cette nation pour les sièges, auroient été aumoins deux Mois devant cette place, les Hanovriens surs que de la Campagne les Trouppes Françoises ne pouroient penetrer dans leurs Etats, se seroient bien Gardé de marcher, & le Roi de Prusse victime de son Alliance avec eux, les auroit servi gratuitement, ce Prince trop politique pour agir ainsi, pensa qu'en ouvrant les portes de Wesel, le Prince de Soubise, qui ne trouveroit plus que des Bavieres legeres pour penetrer dans l'Electorat d'Hanovre, forceroit enfin les Hanovriens à mar-

marcher, ceque le Roi de Prusse avoit prédit, arriva.

Wesel evacué, le General François fit ses dispositions pour porter dans les Duchés de Cleves & deGueldres la BrigadeAutrichienne qui etoit dans Ruremonde Ville située dans la Gueldres, & appartenante depuis mil sept-cent dix-neuf à la Maison d'Autriche sur qui les Hollandois & les Espagnols l'avoient conquise plusieurs fois.

Cette Brigade commandée par le General Major, Baron de Dombasles, etoit suivie de toutes les Trouppes, qui etoient arrivées à Statein, Linnick & Neus, & successivement de toutes celles, qui devoient suivre.

Le trois le Prince de Soubiſe porta ſon Quartier de Ruremonde à Neus, le Comte de Lorges, Lieutenant-General, eût le commendement de la gauche des cantonnemens dans le païs de Cleves, & le Marquis de St. Chamond, Maréchal de Camp, eût celuy des trouppes, qui devoient former le Blocus de Gueldres dans laquelle on ſut les Pruſſiens n'avoient laiſſé que huit cent hommes.

Cette ville aſſiégeé le ſiecle dernier trois fois & toujours inutilement pas les Hollandois fut cedée au Roi de Pruſſe par le traité d'Utrecht, batie dans les Marais ſur la Niers, elle eſt presque inacceſſible, les Pruſſiens pour profiter de l'avantage de cette poſition avoient formé devant

cette

cette place une Inondation qui etoit cependant tres imparfaitte en plusieurs endoits. Les ennemis ayant pourvû à la sureté de Gueldres, continüerent leur retraitte sur Lipstadt, cette ville située sur la riviére de Lippe d'ou elle tire son nom, etoit autrefoïs libre & Impériale, mais elle appartient maintenant partie au Roi de Prusse & partie au Comte de la Lippe, le même qui à levé une Compagnie de chasseurs, qui pendant cette Campagne ont été utiles aux Hannoviens.

Le Prince de Soubise donna ordre le cinq au Comte de Chabot, Maréchal de Camp, de se porter à Burik près Wesel à la tête d'un Detachement des Volontaires Royaux & des Hussars

Fischer, l'objet de cet Officier General etoit de se faire rendre compte de toutes les munitions de guerre & de bouche que les Prussiens avoient laissées dans Wesel, de pourvoir à leur conservation, & de faire tout préparer dans cette place pour y reçevoir les Trouppes Françoises & Autrichiennes, qui devoient en prendre possession.

Cette operation faite, le même détachement se porta dans differens villages sur la Lippe, pour y intimer aux Bourgemestres des deffenses expresses de laisser sortir aucuns grains hors du païs, n'y de païer aucuns impots au Roi de Prusse.

Ces ordres autorisés par le droit de

de la guerre, ſe donnent toujours, & ne ſe ſuivent jamais, parceque la Puiſſance qui demande, n'Importe à quel tître, ſe ſait toujours obeir, quand elle entre dans le pais duquel elle exige des droits ou des contributions.

Les ennemis ſe porterent, dans le même tems de Lipſtadt à Rittberg fief de l'Empire dont la Souveraineté appartient à M. le Comte de Caunitz, ce Miniſtre eclairé qui joüit de l'Eſtime de l'Europe & de la confiance entiere de leurs Majeſtes Impériales. Rittberg fut pillé, les Pruſſiens, après y avoir veçû à diſcretion, s'emparerent du chateau, & de la ſe porterent dans le Comté de Ravensberg.

Pendant ce tems le Baron de Dom-

Dombasle entroit dans Cleves avec trois Bataillons Autrichiens, cette ville capitale du Duché du même nom avoit Envoyé des Deputés au Prince de Soubise pour luy declarer qu'elle se soumettroit à la Domination du Roi très-chrêtien. On sait que pendant le dernier siécle le Duché de Cleves fut l'objet de beaucoup de troubles & de contestations après lesquelles il fut cedé à la maison de Brandebourg, qui le possédoit depuis mil six-cent soixante & treize.

Le Baron de Dombasle ne fut pas plûtot entré dans Cleves que la Reine de Hongrie deputa un de ses Commissaires pour en prendre possession, le Roi de Prusse avoit précedement fait publier dans Cleves & dans Wesel que n'etant point

point en guerre avec la france, on n'avoit rien à craindre de ses armes, ses sujets ne se fierent point à des assurances qui ne leur etoient données que pour dissiper des inquietudes trop réelles, d'ailleurs sur quel fondement le Roi de Prusse pouvoit-il penser que l'Allié de la Reine d'Hongrie son ennemie, n'emploiroit pas toutes ses forces pour venger une Princesse dont il avoit epousé la querelle par le traité du premier mai? Mais je suppose pour un instant que cette celebre Alliance n'eut pas existé, & que le Roi de France n'ait eû pour ennemi que le Roi d'Angleterre, le Roi de Prusse auroit-il refusé le passage aux trouppes francoises qui vouloient s'emparer de l'Electorat de Hanovre. Si à la demande qui lui en

auroit

auroit été faite, il avoit objecté ſon traité avec le Roi de la grande Bretagne, il ſe condamnoit aux yeux de toute l'Europe, puiſqu'au mepris d'un pareil traité, il avoit forcé les Etats d'un prince allié de la Reine d'Hongrie, pour aller s'emparer ſans aucune déclaration de guerre, du Royaume de Bohême; Si contre l'Equité qui doit guider les Souverains, ſa Majeſté Pruſſienne eut accordé le paſſage qu'on ſuppoſe ici, elle ſe rendoit coupable d'Infidelité.

On prit poſſeſſion de Cléves ſans ſçandale & ſans qu'il y fut queſtion du moindre pillage, le Roi de Pruſſe dans un de ſes Manifeſtes ecrits, avec cet eſprit ſéduiſant & facile qui caractériſe toutes les productions de ce grand Prin-

Prince, ſe plaignit cependant que les Miniſtres de la Reine d'Hongrie avoient uſé de violence, & qu'ils s'etoient oublié au point de faire arracher ſes armes des lieux publics ou elles etoient, ce reproche que tout vainqueur ſeroit coupable de meriter, n'eſt fondé que ſur des fauſſes allégations que des ſujets du Roi de Pruſſe, ont porté dans leur premiere douleur, jusqu'es au trone de leur ancien maitre, le Commiſſaire Impérial à ſuivi à Cleves l'uſage obſervé dans tous les païs conquis, & il a fait mettre ſur la porte des Bureaux ou ſe perçoivent les droits du ſouverain, les armes de la Reine d'Hongrie, telles qu'on voit aujourd'hui dans l'Electorat de Hanovre celles du Roi de France ſur les portes des receveurs & des maitres de po-

poſtes, cette précaution à deux objets, le premier d'indiquer le bureau ou les droits ſe perçoivent & l'autre de ſervir de Sauve-Gardes aux maiſons des particuliers emploiés à l'utilité publique.

Le huit les trouppes françoiſes & autrichiennes entrèrent dans Weſel, le commendement de cette place importante fut donnée au Comte de St. Germain Lieutenant general, les hanovriens preſſés par l'interet de leur propre cauſe, & plus encore par les ſollicitations réiterées du Roi de Pruſſe, demanderent alors paſſage par l'Eveché de Hildesheim pour venir prendre des quartiers le long du Weſer, le corps des trois mille pruſſiens etoit encore dans Ravensberg, ou il avoit dirigé ſa marche

marche comme je l'ai dit plus haut, le Sieur Cappel qui entretenoit du comté de la Marck, ou il residoit, une correspondance tant avec ce corps qu'avec le président de la regence de Cleves chargé de percevoir le restant des fonds dûs au Roi de Prusse, fut arreté le même jour, on soupconna même ce Cappel d'avoir voulû faire parvenir ces fonds aux Prussiens.

Les ennemis, pendant ce tems, s'approchoient de Munster, cette ville celebre par le traité de Westphalie qui y fut conclü, appartient aujourd'hui à l'Electeur de Cologne qui comme Eveque en a la souverainité, les egards qu'on doit à ce Prince respectable par tant d'Endroits, engagerent le prince de de Soubise à detacher le dix deux mille cinq cent hommes aux ordres du Comte de Maillebois, Lieutenant General & du Marquis de Crillon, Maréchal de Camp, le seul objet de ce détachement etoit de paraitre sur la Lippe, & de s'approcher de Munster pour rassurer cette ville intimidée par le voisinage des Prussiens.

Le Comte de Maillebois à tête de son détachement se porta en trois jours de marche de Wesel à Dulmen, petite ville du cercle de Westphalie, dependante de l'Eveché de Munster, il laissa la plus grande partie de ses trouppes dans cette place, & avança avec deux cent hommes des volontaires royaux & cent du corps de Fischer, jusqu'à Balderen à quatre lieües de Mun-

Munſter, les principaux membres de la regence de cette ville, s'y etoient rendû pour y conferer avec le Comte de Maillebois, ſur l'Etat dans lequel Munſter ſe trouvoit, & ſur les moyens efficaces qu'il etoit eſſentiel de prendre pour que les trouppes françoiſes puſſent ſubſiſter dans cet Eveché, il eſt bon d'obſerver que le Comte de Maillebois avoit préparé cette negotiation, en ecrivant precédement à la regence une lettre requiſitoriale qui annonçoit les differens objets ſur lesquels on confera, en conſequence la régence envoya deux de ſes commiſſaires à Weſel à l'effet de ſtatuer deffinitivement ſur l'entrée libre des trouppes françoiſes dans le territoire de Munſter, & ſur les moyens d'aſſurer leur ſubſtiſtances.

Le

Le Comte de Maillebois ayant rempli ſon objet, revint le quatorze de ſa perſonne à Weſel, & laiſſa par Echellons ſur la Lippe, toutes les trouppes de ſon détachement aux ordres du Marquis de Crillon, les eſpions rapporterent que les Pruſſiens paraiſſoient vouloir ſe maintenir ſur Lippſtadt, ce projet etoit d'autant plus vraiſemblable qu'on apprit dans le même tems que les hanovriens etoient en mouvement pour s'aſſembler ſur le Weſer, le Prince de Soubiſe donna ordre le quinze au Comte de St. Germain de ſe porter en avant avec un corps de dix Bataillons & de quatre Eſcadrons, cet Officier general avoit ſous lui les Marquis de Crillon & de Rougé Marechaux de camp, tandis que ce detachement ſe portoit en avant,

vant, & pouſſoit ſa tête jusqu'au Bourg de Luinem, le Prince de Beauveau Maréchal de camp eût ordre de marcher à la tête de ſix Bataillons, cent hommes du corps royal, & environ cent Dragons ou Huſſards de Fiſcher, & d'avancer à Munſter ou il arriva le vingt quatre.

Le Comte de St. Germain qui ſoutenoit la marche du Prince de Beauveau, s'avanca jusqu'a Ham capitale du Comté de la Marck, appartenant au Roi de Pruſſe, & porta de là differens poſtes, avancés ſur les deux rives de la Lippe, les ennemis ſembloient toujours vouloir ſe tenir à Lippſtadt, le Prince de Soubiſe qui dans cette conjoncture avoit deux objets à remplir, renforca de huit Bataillons & deux Eſcadrons le corps du comte de St. Germain, il falloit ou attaquer les ennemis dans Lippſtadt, ou les contraindre de ſe retirer en marchant à eux, ce dernier projet réuſſit, le vingt quatre le prince de Soubiſe fut informé à cinq heures du ſoir que les ennemis avoient evacué Lippſtadt, & s'etoient auſſi retirés du Comté de Rittberg après en avoir detruit le chateau, le Comte de St. Germain qui ſentoit de quel avantage etoit Lippſtadt, le fit occuper ſur le champ par la Brigade de Belſunce, pendant ce tems les ennemis continuoient leur retraitte ſur le Weſer.

Le Maréchal d'Eſtrées qui, à ſon retour de Vienne, avoit ſejourné quelques tems à Verſailles, pour com-

communiquer à cette cour, le plan qu'il avoit concerté, par ordre de ſon maitre, avec le Miniſtere Autrichien, arriva le vingt ſept, les vües de ce general juſtifierent l'Idée qu'on avoit concüe de lui, inſtruit de la diſette des fourages, il ordonna à tous les officiers de renvoyer en France le ſurplus de leurs Equipages, & on connoit aſſes le faſte françois pour être perſuadé, que ce ſuperflus excédoit par tout le neceſſaire, different de ces chefs qui violent aux yeux de l'Armée, les loix qu'ils lui impoſent, le Maréchal d'Eſtrées donna tout a la fois l'exemple & le precepte, & de Liége même, il fit retrograder la moitié de ſes equipages.

Qu'il me ſoit permis d'obſerver

ici, combien il eſt dangereux de tolerer cette multitude d'equipages & de valets qui rüinent l'Armée & la pillent? Un General ne ſauroit etre trop attentif à reformer ce luxe inutile qu'on affecte dans tous les grades, n'eſt-il pas honteux que des commis pernicieuſement neceſſaires aient jusqu'à huit chevaux, tandis qu'on ne doit en permettre que trois a un Capitaine d'Infanterie.

Le Maréchal d'Eſtrées qui ne vouloit pas perdre un inſtant, ſe fit preſenter le tableau actuel de ſon Armée, cinquante Bataillons & vingt Eſcadrons ſe trouvoient cantonnés entre la Meuſe & le Rhin, & le ſurplus des trouppes qui etoient arrivées ſe montant à trente quatre Bataillons & ſeize Eſca-

Escadrons etoient portés, au delà du Rhin, sur la Lippe, à Munster & dans le Duché de Berg dont Dusseldorp est la capitale.

La Maraude, avec laquelle il est impossible qu'une armée puisse se soutenir, commençant à faire des progrés, le Maréchal d'Estrées plus juste que severe, fit punir de mort tous ceux qui etoient pris au delà des bornes préscrittes, il fit aussi d'autres réglemens nécessaires au maintien de la police & de la discipline.

Ce Géneral instruit, que l'inondation formée devant Gueldres, étoit, ainsi que je l'ai observé plus haut, très imparfaite, en résolût le Siége le vingt neuf, il est vrai qu'il ajoutat, qu'il ne se determinoit à l'ordonner, qu'autant qu'il y auroit poſſibilité. Le premier May le Marquis d'Armentieres, qui devoit commander ce Siége partit à la tête de dix ſept Bataillons, il avoit ſous ſes ordres le Comte d'Orlick, le Marquis de Dreux, le Comte de Spaar, le Chevalier de Maupeou, le Comte de Leyde & le Duc Dantin, ce même Duc qu'une maladie funeſte vient d'enlever au milieu des armes, les talens agréables qu'il poſſédoit, ſon affabilité & ſes mœurs le feront regretter long tems.

Le Marquis d'Armentieres ayant reconnû Gueldres, revint à Wezel conferer avec Mr. le Maréchal d'Eſtrées, le reſultat de cette conference fut de convertir le Siége, qui

qui avoit été resolû, en blocus, le commendement en fut donné à Monsieur de Bossobre Maréchal de Camp, qui avoit à ses ordres le regiment de Los rios Autrichien, Perigord & Lovendal. Le Comte de St. Germain occupoit toujours les mêmes postes, mais les ennemis faisant quelques mouvemens, le Marèchal d'Estrées donna ordre à de nouvelles trouppes d'avancer sur la Lippe, lui-même fit alors des despositions qui annonçoient, qu'il ne tarderoit point de se porter en avant, la vérité inséparable de l'histoire ne me permet point de deguiser qu'on reprochat alors trop de lenteur au Maréchal d'Estrées, les Nouvellistes de Paris, qui voyoient toujours l'Armée Françoise, campée sous les Murs de Wezel, murmuroient de ne pouvoir point encore politiquer ſur Hanovre, qu'ils avoient priſe dans leurs conferences, des gens d'éſprit qui ont la folie de dire des nouvelles, & le malheur d'être ecoutés dans des reflexions ridicules, ſe récrioient ouvertement ſur la lenteur du Géneral François, ces réproches qui avoient pris leur ſource dans des bureaux clandeſtins, s'accrurent, & devinrent presque généraux, c'eſt ainſi que dans l'oiſiveté d'une grande ville, on condamne ſouvent un Citoyen qui travaille à deux cent liëues, au bonheur de ſon païs. Ceux qui accuſent le Maréchal d'Eſtrées de lenteur, ne reflechiſſent point, que cette faute, ſi c'en étoit une, ne ſeroit pas la ſienne, mais plutôt celle des circonſtances imprevües, qui independdependement des raiſons de politique, ont donné lieu à ce retard ; qui pouvoit s'imaginer qu'une place auſſi importante que Weſel, ſeroit abandonnée à la merci du premier détachement, qui ſe préſenteroit pour l'occuper, cette ville, comme on la remarqué ailleurs, devoit tenir aumoins deux mois, ce tems auroit été employé à faire venir de la Franconie, & du Haut-Rhin les ſubſiſtances néceſſaires à une Armée de cent mille hommes, & Weſel conquis, rien n'auroit pû retarder alors les opérations des François, mais la Cour de Verſailles & perſonne dans le monde n'ayant pas dû prevoir un evenement auſſi inoüi, l'Armée Françoiſe ſe trouva Maitreſſe de Weſel, ſans qu'il luy fut poſſible d'avancer en totalité, les

 enne-

ennemis s'etoient portés fur la Lippe, moins pour combattre les François que pour confommer les fubfiftances, qui s'y trouvoient, on fe borna donc, pendant un-certain tems, à Envoyer en avant des Detachemens & des poftes avancés, parcequ'encore une fois le deffaut de Fourage & de Pain ne permettoit point d'engager une Armée dans un païs devafté par fes propres Trouppes,

Les François qui étoient à Varendorph dans l'evêché de Munfter ayant eû avis le trois qu'on avoit vû trois-cent Cuiraffiers Hanovriens près de Marienfeldt, on detacha fur le Champ pour les reconnoître vingt-cinq Huffars commandés par Mr. de Marfin, Lieutenant du Corps des Chaffeurs de de Fischer, & pareil nombre de Grénadiers commandés par Mr. de Cléri, Capitaine du même Corps.

Ces Officiers ayant appris à deux Lieües de Varendorph que les ennemis sortoient du Village de Greffen qu'ils avoient pillé, ils les suivirent en ordre jusquà Harwinckel ou ils êtoient entrés au nombre de cent-vingt, le Lieutenant des Chasseurs s'etant apperçû que les ennemis faisoient des dispositions d'attaque, les prévint, & soutenû par les Grenadiers, il parvint à les chasser de ce Village, les Hanovriens outrés de ceder à une nombre inférieur, s'arreterent à mille pas de Harswinckel, & se mirent en ordre de Bataille, les François en firent autant, & les attaquerent avec tant de vigueur

 qu'ils

qu'ils les mirent en fuitte, après leur avoir tué quarente hommes parmi lesquels il y avoit un Officier, & leur avoit fait dix Prisonniers & un Lieutenant, on ne sauroit trop loüer la valeur de ce petit Détachement secondée par la bonne contenance de Messieurs de Marsin & de Cleri, le prémier à été blessé, d'ailleurs les François n'ont perdû dans cette Escarmouche qu'un seul homme & quelques chevaux.

Le Prince de Soubise, qui depuis l'arrivée du Maréchal d'Estrées avoit conferé differentes fois avec luy sur les operations de la Campagne, partit le quatre pour se rendre à Ham ou étoit sa reserve, le six il vint à Lipstadt pour reconnoître l'Etat de la place, & exami-

examiner les travaux que le Comte de St. Germain y faisoit faire par les Troupes de la Garnison, l'objet de ses travaux, étoit de se maintenir dans cette ville, en cas que les ennemis, qui l'avoient abandonnée trop précipitament, voulussent tenter d'y rentrer, le Camp de Bielefeldt qu'ils occupoient depuis plusieurs jours, attiroit toute l'attention du Maréchal d'Estrées, & du Prince de Soubise, on craignoit que ce Camp, qui d'abord n'étoit composé, que de trois ou quatre mille hommes, ne fut augmenté, & que les Hanovriens en force n'attaquassent le Prince de Soubise, cette crainte fut vérifiée le neuf, les Espions raporterent que le Duc de Cumberland à la tête de dix mille hommes, s'étoit avancé jusqu'à Bilefelt, & que ce corps pouvoit, aisement, être renforcé par plusieurs Regimens Hessois & Brunsvikois qui avoient pris des cantonnemens en deça du Weser, sur cette nouvelle le Maréchal d'Estrées fit marcher sur le Champ six Bataillons, qui étoient dans les petites vlles de Dorstein & Halteren toutes deux, mais à differens titres, dependantes de l'Electeur de Cologne, ces Trouppes devoient soutenir les postes occupés par le Corps du Prince de Soubise, & pour ne point abandonner Dorstein & Halteren, les Trouppes qui en étoient Parties, furent remplacées pas celles à qui on avoit fait passer le Rhin, & elles formerent des Camps près des deux places dont ont vient de parler.

Le

Le onze, on eut avis, que les Hanovriens, s'etoient portés ſur Verſmel, village du Comté de Ravensberg, & qu ils avoient pouſſé des détachemens juſqu'à R'éda, comme cette nouvelle poſition les approchoit de Munſter, on fit avancer ſur Halteren, le Corps qui étoit campé à Dorſtein aux ordres de Mr. de Villemur, & ces deux Corps ſe porterent le douze ſur la ville de Dulmen, le Maréchal d'Eſtrées avoit même projetté d'y etablir ſon quartier, ſi les ennemis faiſoient des mouvemens plus décidés, mais le Duc de Cumberland ne jugeat pas à propos d'aller plus avant, ſa tranquilité & l'Etat des ſubſiſtances engagerent le Maréchal d'Etrées de garder encore quelques tems ſon camp de Weſel.

Tandis

Tandis que les trouppes Françoises occupoient l'Eveché de Munster avec l'agrêment de son Souverain & de la Regence, le Roi de Prusse du quel on poura dire, ce qu'on disoit de César: *eodem animo scripsisse quo debellavisse*, ce Prince qui ne neglige rien de tout ce qui peut interesser en sa faveur, écrivoit, de la Bohéme, sur cet evenement, & repandoit dans ses manifestes elegans, que les François violoient ouvertement le traité de Vesphalie, pour l'observation du quel ils disoient qu'ils avoient pris les armes, & qu'ils inondoient l'Eveché de Munster païs libre, qui n'étoit en guerre avec aucune puissance, il ajoutoit même que l'Empire étoit interessé à s'opposer à une incursion qui frondoit ouvertevertement le fameux traité de mil six cent quarente huit.

Dans le tems que l'allié des Hanovriens s'exprimoit de cette sorte, ceux-cy entroient dans l'Evêché de Paderborn sans en avoir même demandé la permission à l'Electeur de Cologne, qui en est le Souverain, en enlevoient les subsistances que le tems ne leur permettoit pas d'y consommer, & y commettoient des desordres que le droit de la guerre n'autorise pas même dans un païs ennemi ; je laisse à présent au public impartial à decider laquelle des deux nations à enfraint les traités & viole le droit des gens ?

Le Duc de Cumberland ayant porté un Corps de troupes entre Pader-

Paderborn & Neuhaus, maiſon de plaiſance de l'Eveque eloignée d'une demie lieüe de la ville, il laiſſa les Pruſſiens à Bilefeld & le gros de ſon Armée à Brakel petite ville diſtante de cinq lieües de Paderborn dont-elle depend, le poſte de Rittberg, qu'il continuoit d'occuper lui ſervoit à couvrir la communication de ſon Armée avec le corps qui campoit près de Paderborn, ces poſitions ſavament priſes engagerent le Maréchal d'Eſtrées à faire faire un mouvement général à ſon Armée; de ſon coté le Prince de Soubiſe ſe porta de Ham à Lippſtadt, & les troupes qui campoient à Halteren & à Dortmund aux ordres du Chevalier de Muy & du Comte de Laval vinrent occuper Ham.

Mr.

Mr. de Villemur marcha auſſi avec le corps qu'il avoit à Dulmen pour ſe rendre à Munſter, ou il arriva le vingt-huit, dix-huit Bataillons & ſeize Eſcadrons tirés du camp ſous Weſel, l'avoient joint dans ſa marche, le reſte des trouppes demeurés dans cette ville aux ordres du Duc d'Orleans ſe mit auſſi en marche le vingt-cinq pour faire le même mouvement, & favoriſer les projets du Maréchal d'Eſtrées, qui arriva le même jour de ſa perſonne à Munſter ou il etablit ſon quartier, & fit marquer le camp entre la ville & la Werſe.

Tandis que toute l'Armée Françoiſe s'avançoit ſur Munſter, le Duc de Briſac qui commandoit un Corps de Cavalerie campé ſous Neuſs, marcha à Weſel, les ſubſiſtanſiſtances ne permirent pas encore au Maréchal d'Eſtrées de tirer de Ruremonde la Cavalerie qui y campoit, l'objet le plus important alors etoit d'ouvrir les marches dont ont pouvoit avoir beſoin pour les nouveaux mouvemens que ce General ſe propoſoit de de faire rélativement à la poſition des ennemis, le Comte de Maillebois qui venoit de faire une tourtournée ſur l'Embs avoit rempli les vües du Maréchal d'Eſtrées en reconnoiſſant la poſition des Hanovriens, & en ouvrant les marches dont il faloit abſolument s'aſſurer. Toute l'Armée ſe trouva hereuſement raſſemblée en avant de Munſter, les Trouppes legeres ſecondées par des autres corps borderent l'Embs, & on pouſſa en avant de cette riviére quelques partis qui

qui facilitoient la reconnoissance du païs, & l'observation des mouvemens de l'ennemi, qui gardoit toujours ses positions de Paderborn, & de Brakel, il s'étoit retranché dans cette derniere place, il paroissoit même que l'intention du Duc de Cumberland étoit de replier le corps qui etoit à Paderborn sous Brakel, aussitot que l'Armée ennemie seroit en Mesure, le Prince de Soubise à portée de seconder le Maréchal d'Estrées, étoit teujours à Lipstadt avec sa reserve, & il pouvoit dans une seule marche rejoindre la grande Armée, dés que celle-cy prendroit une autre position, l'idée du General François étoit de suivre exactement la marche des Hanovriens, & de les obliger par les mouvemens qu'il faisoit faire

aux

aux differens Corps, d'abandonner leur position, & de quitter le poste de Rittberg dans lequel il venoient de jetter un convoy de viande Salée, mais des pluyes affreuses n'ayant point permisque la reserve marcha, comme on l'avoit projetté, l'exécution de ce dessein ne pût avoir lieu que le sept, deux jours auparavant vingt hommes du Regiment de Bentheim commandés par un Lieutenant, qui étoient venûs pour tirer des fourages dans le Tecklenbourg furent surpris & enlevés par un Detachement d'Hanovriens, six hommes seulement echapérent. Tecklenbourg est la capitale d'un Comté du même nom qui appartenoit au Comte de Bentheim avant qu'il engageat sa souveraineté à l'Elećeur d'Hanovre,

vre, ce même Comte commande aujourd'hui en France un Regiment de son nom.

Le six & le sept toute l'Armée fut en mouvement, mais les pluyes qui redoublerent rompirent la plus grande partié des communications & des ponts, qui avoient eté jettés pour les differentes Colonnes de l'Armée, ces obstacles joints à la nature du païs rendirent la marche tres penible & occasionnerent beaucoup de maladies, les Hanovriens décamperent le même jour de Paderborn, & ils allerent, comme on l'avoit prévû, se réunir au Corps, qui étoit à Brakel, cette jonction engagea le Maréchal d'Estrées d'Envoyer, en avant, plusieurs Détachemens considerables pour observer

ſerver la poſition des ennemis, le Prince de Soubiſe arriva le huit à Widembrug on ſa reſerve campa, par cette poſition elle touchoit presque la grande Armée, puisque ſa gauche s'approchoit de Rheda, d'ou la droite de l'Armée n'étoit eloignée que de trois quarts de lieüe.

Le neuf, le Maréchal d'Eſtrées vint à Rheda, ou il avoit donné rendés-vous au Prince de Soubiſe, pour ſe concerter avec lui ſur les mouvemens de ſon Armée, il alla enſuite reconnaitre le camp, qu'il ſe propoſoit d'occuper le dix, l'Armée marcha ce jour-la de Warindorf à Hertzbrock, en y arrivant les François apprirent, que les ennemis avoient abandonné une ſeconde fois Rittberg, ou ils

ils avoient quinze cent hommes. Le Prince de Soubise fit, en conséquence, occuper ce poste par des détachemens & des volontaires de sa reserve, la veille le corps de Fischer, qui occupoit l'Abbaye de Marienfeldt, fut attaqué pendant la huit par environ cinq cent Grénadiers Hanovriens & deux cent Cuirassiers, une Compagnie de Chasseurs & une de Grénadiers seulement soutinrent l'attaque, & firent un feû si violent & si bien nourri, qu'ils obligerent les ennemis de se retirer avec précipitation, ils perdirent le Commendant de l'Infanterie de ce Détachement, quinze Grénadiers, sans compter beaucoup de blessés, le Corps de Fischer perdit la Capitaine de la Compagnie de Chasseurs, quelques Grénadiers, & il eût un Lieutenant & deux Soldats blessés.

Le Maréchal d'Estrées meditoit depuis quelques jours, d'attaquer les ennemis, l'objet étoit de rendre l'exécution de ce dessein possible, il pria, pour cet effet, le Prince de Soubise de reconnoitre la gauche de la position des Hanovriens, & il se rendit à Neukerken pour conferer avec luy sur cette reconnoissance, on decida alors que le dix huit on marcheroit sur le flanc gauche de l'ennemi, mais les differens Détachemens auxquels le Maréchal d'Estrées avoit donné ordre de se porter à droite & à gauche de leur position, ayant fait croire au Duc de Cumberland qu'on se disposoit à l'attaquer, ce Prince décam-

décampa le treize à quatre heures apres-midi.

Le Maréchal d'Eſtrées ne fut pas plutot Informé de la retraitte des ennemis, qu'il détacha le Corps de Fiſcher & ſept cent Dragons aux ordres de Monſieur de Lillebonne, pour ſe porter ſur la droitte des ennemis à Herworden, tandis que trois cent Volontaires & huit Compagnies de Grénadiers ſe portoient à Marienfeldt, & que les Volontaires Royaux & des Détachemens de Turpin s'avançoient à Holtz, le Prince de Beauveau à la tête de dix Compagnies de Grénadiers, dix Piquets & trois cent Chevaux eût ordre d'aller ſoutenir les Volontaires Royaux, qui marcherent pendant toute la huit; à la pointe

 du

du jour le Comte de Chabot, Maréchal de Camp, Commandant les Volontaires Royaux attaqua, dans Bilefelt, le Détachement que les ennemis y avoient laissé pour couvrir leur marche & protéger leur retraitte, cet Officier General, se comporta dans cette attaque avec la valeur qu'il montra autrefois à Ettingen, & secondé de ses braves Volontaires & des Fischer, il força ce poste, & contraignit les ennemis de se retirer après y avoir laissé presque tous leurs Equipages, & perdû cent hommes parmi lesquels il y eût plusieurs Officiers, entre-autres le fils du General Juncken, sans compter les blessés & cent Prisonniers, il y eût aussi plus de quatrevingt Deserteurs qui se jetterent dans Rheda, & deux cent aumoins

aumoins passerent par l'Evêché d'Osnabruck.

Le Maréchal donna les plus grands Eloges au Comte de Chabot, & à tous les Officiers de son Corps, les Volontaires perdirent cinq Officiers tués ou blessés & & quinze Soldats.

Quelque diligence qu'ait pû faire le Prince de Beauveau, il ne pût joindre qu'à la fin de l'action, & par malheur dans le tems que le Soldat vainqueur couroit au Butin que les Trouppes nouvellement arrivées voulurent partager avec luy, on sait que Bilefelt est rempli de Manufactures de toilles.

Le Prince de Beauveau qui ne vouloit pas perdre un moment,

 fit

fit diſcontinuer le pillage & marcha avec ſon Détachement juſqu'à moitié chemin d'Herworden dont les ennemis avoient pris la route, les Volontaires & les Fiſcher, qui precédoient s'avancerent jusqu'à cette ville, ou les Hanovriens avoient laiſſé un gros Détachement, qui tint bon, parcequ'il étoit dans une ville fermée de de murs & environnée de remparts & d'un tres bon foſſé, les Volontaires & les Fiſcher s'approcherent de trop près, & perdirent encore environ quinze hommes & un Officier.

L'Attaque de Bilefelt à fait beaucoup de bruit, il ſeroit inutile de taire icy qu'on à pretendû que le Maréchal d'Eſtrées n'avoit point tiré de cette action tout le parti

parti qu'il auroit pû, & on à pretendû qu'il auroit detruit l'Armée ennemie, s'il avoit pris les mesures necessaires pour qu'elle fut poursuivie sans relache, en casqu'on forçat le poste de Bilefelt.

Je conviens que si les Hanovriens avoient eté suivis à tems, leur deroute étoit complette, mais pouvoit-on les suivre assés apropos pour les atteindre, j'ose dire que non, tel est le malheur des generaux, la multitude ignorante les accuse, & souvent leurs ennemis les jugent. Des Trouppes legeres fatiquées par des courses precédentes, marchent pendant toute une nuit, combattent à la pointe du jour, & parviennent encore jusqu'aux murs d'une ville, qui servoit de retraitte à l'Arrieregarde de leurs ennemis, le Prince de Beauveau, malgré tous les efforts qu'il fit avec un Corps d'Infanterie déja harrassée par des marches penibles, ne pût joindre les ennemis avant qu'ils eussent gagnés Herworden, & par une fatalité qu'on ne doit imputer qu'a des circonstances imprévües, le Comte de Lorges que le Prince de Soubise avoit détaché avec dix Compagnies de Grénadiers & deux cent Chevaux, ne put arriver à Bilefelt qu'après l'attaque, la conjoncture de la retraitte du Duc de Cumberland, le tems qu'à duré l'action à Bilefelt & la position des differens Corps des deux Armées suffisent pour justifier la conduitte du Maréchal d'Estrées, on ne peut trop admirer la prudence & l'activité avec les quelles ce ce General & le Prince de Soubise donnerent les ordres rélatifs à cette attaque.

Le dix sept toute l'Armée Hanovrienne prit le chemin des Villages de Remen & de Wolhau, ou elle fit jetter deux ponts sur le Weser, la Veille le Comte de Lorges entra dans Herworden, que les ennemis evaçuerent, le même jour le Prince de Soubise & le Comte de St. Germain quitterent l'Armée pour se rendre à Versailles, il furent suivis, quelques jours après, de tous les Officiers generaux de cette Armée, que le Roi avoit nommés pour servir en allemagne.

On ne rapellera point icy cette foule de gazettes absurdes que le peuple de l'Armé répandoit ſur les motifs du départ de ce Prince, luy ſeul ſavoit quand il partit, qu'il alloit remplir les intentions de ſon Maitre, en prenant le commendement de l'Armée à la tête de laquelle, les Trouppes Françoiſes le voyent avec cette Satisfaction, que la valeur & la Politeſſe inſpirent.

La reſerve que commendoit le Prince de Soubiſe fut refondüe, dans la grande Armée, l'intention du Maréchal d'Eſtrées ayant été de former pluſieurs Corps ſeparés pour faciliter l'exécution de ſes operations ulterieures.

Le dix-huit & les jours ſuivans l'Armée Hanovrienne repaſſa le Wezer ſur les ponts qu'elle avoit etablis

etablis à Remen & a Wolhau, elle laissa seulement quelques Piquets pour favoriser le transport des mêmes Equipages, on observa que la droitte tiroit vers Minden, & on presuma que cette Armée pouroit se diviser en plusieurs corps d'observation. A propos de *Minden*, il est bon de remarquer que beaucoup de géographes se trompent sur cette ville, la martinière & l'Abbé Vosgien son abbréviateur guidés par des cartes peû exactes ne parlent que d'une ville de Minden ou Munden, cependant ist est certain qu'il y en à deux, celle dont on parle ici appartient au Roi de Prusse, & il en est une autre située dans le Duché de Brunswick, mais dependante de l'Electorat de Hannovre, elle est à quatre lieües de Cassel dans une vallée ou la verre & la Fulde viennent confondre leurs eaux, cette omission de ce dernier Minden à fait naitre beaucoup d'erreurs dans cette campagne.

L'Armée se porta le vingt cinq en deux marches du camp de Rheda à celui de Bilefeldt, ou elle campa sur deux lignes, la Ville dans le centre, le Marquis d'Armentieres & le Duc de Broglio, Lieutenants generaux, qui depuis le départ du Prince de Soubise, commendoient des corps séparés, couvrirent l'un la droitte de l'Armée françoise à Urlinkhausen, & l'autre la gauche à Engeren, celui-cy servoit aussi à observer la droitte des ennemis vers Minden; Le Prince de Condé & le Comte de la Marche qui, comme on le sait, ont

ont fait cette Campagne en qualité de *Volontaires*, & ont ſervi, je le dis ſans flatterie, avec le même Zéle & la même ardeur que des particuliers qui courent après un emploi, ces Princes ſuivant toujours le Maréchal d'Eſtrées, dans les reconnoiſſances qu'il faiſoit, accompagnerent le vingt quatre ce General, qui ſe porta jusqu'aux environs de Remen & de Woltau pour reconnoitre la poſition du Duc de Cumberland, le Comte de Berchiny à la tête d'un Détachement favoriſa cette marche, il y eût quelques Eſcarmouches entre les Avant-Gardes des partis.

Le Duc de Cumberland, qui commençoit à ſentir le point critique dans lequel la conduitte du Maréchal d'Eſtrées alloit le jetter, ecrivit à Londres dans des termes qui annoncoient ſon embaras, la même lettre paſſa au camp du Roi de Pruſſe, ce Prince, lors de ſes prémiers ſuccés contre la Reine de Hongrie, avoit promis d'Envoyer douze mille hommes au ſecours des Hanovriens, & l'Angleterre flattoit depuis longtems le fils de ſon Roi, d'un ſecours egal à celuy que le Roi de Pruſſe devoit donner, ces promeſſes mirent le Duc de Cumberland dans le cas de ſe ſoutenir autant qu'il le pouroit, ſans ſe compromettre, & d'attendre la derniere extremité pour accepter une Bataille; effectivement ce Prince Inferieur en nombre, n'avoit point d'autre parti à prendre, & toutes les fautes qu'on va luy reprocher, ne ſont tout-auplus que celles de la cour de de Londres & du Roi de Prusse. L'Angleterre occuppée du soin reél de deffendre ses ports, & du projet chimerique d'attaquer ceux de la france, ne pouvoit point tenir la parole qu'elle avoit hazardée, le Roi de Prusse victorieux avoit promis, mais la journée malheureuse du dixhuit Juin, le dégagoit de sa parole, il ne restoit donc au Duc de Cumberland que les Elemens, la suitte de cette Campagne fera voir que le ciel fut encore contre luy. Pendant que le Maréchal d'Estrées tenoit le Duc de Cumberland en Echéc, il menaçoit Embden place Maritime que le Roi de Prusse achetta des Hollandois en mil sept-cent quarente quatre, cette ville capitale de l'Oost-Frise, étoit d'autant plus importante à ce Prince,

Prince, qu'il y avoit une Compagnie de Commerce, qui expedioit tous les ans des vaiſſeaux dans les Indes occidentales, Monſieur Dauvet, Maréchal de Camp, fut envoyé en Ooſt-Friſe avec un Détachement de mille hommes pour ſurprendre Embden, le deux Juillet cet Officier general avoit détaché Meſſieurs de la Chatre, Lillebonne & de Sey pour reconnoître l'Etat de la place dans ſes différents points, pendant cette reconnoiſſance qu'ils ne firent pas ſans eſſuyer le feû du Canon & de la Mouſqueterie des ennemis, M. Dauvet faiſoit ſes diſpoſitions pour prendre la ville d'Aſſaut, le trois à ſept heures du matin M. de Lillebonne eût avis que ſoixante dix Deſerteurs étoient à un des poſtes avancés, & qu'il y avoit dans

dans la place une tres grande fermentation, il profita de cette circonstance pour faire somer le Commendant de se rendre, l'Officier qu'il luy dépécha, trouva là Bourgeoisie qui rappelloit, la conjoncture étoit trop favorable pour la manquer, il dressa avec le Commendant, une Capitulation provisoire, en vertu de laquelle il s'empara des portes, & prit des otages pour seureté des autres articles.

Une heure aprés M. Dauvet qui avoit rempli son objet dans tous les points, entra dans Embden, & ratifia la Capitulation, la Garnison fut faitte Prisonniere de guerre, on trouva des Magazins nombreux, & ce qui devint plus avantageux encore, c'est que le port

port étoit garni de vaiſſeaux & de differens batimens dont on s'empara, le Maréchal d'Eſtrées informé que la poſition des Hanovriens étoit toujours la même, reſolut de paſſer le Weſer, pour cet effet il partit de ſa perſonne le ſept de Bilefelt, & laiſſa le commendement de l'Armée au Comte de Berchini le plus ancien Lieutenant-General, & il ſe porta ſur les points deſignés pour l'établiſſement des ponts qu'il avoit ordonné qu'on jettat ſur le Weſer.

Le ſiége de Caſſel ayant été reſolû dans le même tems, le Duc d'Orleans devoit le commander, il avoit à ſes ordres vingt huit Bataillons & trente deux Eſcadrons, ces Soldats enchantés de marcher ſous un tel Chef, temoignoient aſſés qu'ils qu'ils étoient ſurs de vaincre, s'ils l'imitoient ; ce Prince s'acheminoit avec ſon Armée vers la Heſſe, quand le Landgrave de cette Province aima mieux luy ceder, que d'avoir le déſagrement d'en être vaincû.

Le Landgraviat de Heſſe eſt un païs fertile & tres peuplé, le Heſſois né brave fait la richeſſe de ſon ſouverain, dont le revenû le plus conſiderable, eſt le trafic des païſans qu'ils convertit en Soldats, de ſorte qu'on pouroit dire des ſujets de ce Landgrave, ceque le plus grand Poëte de l'Europe à dit des ſuiſſes :

Barbares dont la guerre eſt l'unique métier,
Et qui vendent leur ſang, à qui veut le païer.

Le

Le Landgrave de Hesse avoit vendû à l'Angleterre des trouppes qui avoient autrefois combattu pour la france, indépendament de cet objet qu'on ne doit regarder ici que comme une affaire de commerce, il y entroit un peû de passion dans cette conduite; Le Prince hereditaire de Hesse ayant preferé, il y à trois ans, la Religion Catholique Romaine au Calvinisme dans lequel il avoit été élevé, souleva son Epouse, son Pere & les Etats qu'il doit gouverner un jour, on ne sait que trop ce que peuvent les préjugés sur la Religion, la Princesse s'imagina qu'elle ne pouvoit plus habiter, sans offenser le ciel, avec un mari qui croioit au Pape, le Landgrave eut dans l'Idée que le changement de son fils étoit l'avantvant-coureur de quelque deſſein funeſte, & les Etats de ce Prince bien plus intimidés penſerent qu'on vouloit les mener à la meſſe, le Roi de Pruſſe moins facile & plus ſenſé, ne s'imagina rien & voulût qu'on crut tout, on n'ignore pas que ſon but à toujours été de perſuader aux puiſſances proteſtantes que cette guerre étoit une querelle de Religion, il eut l'art de faire entendre à l'Angleterre & au Landgrave que l'Acte que le Prince hereditaire venoit de faire, avoit été ſuggeré par la Cour de Vienne, dont le projet etoit d'accabler la communion proteſtante, ce ſoupcon faiſoit injure â la façon de penſer de ce Prince, je concois bien qu'un Souverain qui n'admet aucune Religion, en embraſſe une par un motif d'interet, mais

mais on n'eſt jamais hipocrite ſans eſpoir.

La Heſſe allarmée des Idées que le Roi de Pruſſe affectoit, fit ſigner à ce Prince beaucoup d'Actes à l'honneur de Calvin & de Luther, & par une barbarie que toutes les Religions devroient condamner, on lui arracha ſes enfans. Le Roi de Pruſſe qui voyoit ſes vües réuſſir mit le comble à leurs ſuccés, en arretant dans ſes Etats, Le Prince hereditaire qui alloit à la cour de Vienne chercher un azile contre ſa famille, qui le proſcrivoit pour ne plus penſer comme elle, l'Empereur ſe plaignit dans un de ſes reſcripts de la violence qu'on avoit fait au fils du Landgrave de Heſſe, le Roi de Pruſſe mit cette circonſtance à prof-

proffit, & persuada au Pere, qui balancoit alors à traiter avec le Roi de la Grande-Bretagne, que le salut de ses Etats dependoit du concert qu'il devoit entretenir avec les Puissances protestantes, ce Prince ami de sa Religion, se laissa aller & signa que pour la vanger, il vendroit à l'Angleterre le sang de douze mille de ses sujets.

La france informée de ce traité ne s'en plaignit, que quand elle résolut d'envahir l'Electorat d'Hanovre. Mr. Follard homme d'un vrai merite, Ministre du Roi très chretien à la diette de Ratisbonne, se rendit de la part de son Maitre, à la Cour de Cassel, l'objet de sa mission etoit de representer au Landgrave qu'en fournissant au Roi de la Grande-Bretagne

tagne des trouppes contre Louis XV. il mettroit ce monarque dans le cas de s'emparer de ses Etats, pour empecher que les ennemis de la france ne s'y réfugiassent, que la neutralité, dans les conjonctures actuelles, etoit le parti le plus sage, & qu'en le prenant, il pouvoit etre seur que S. M. très-chretienne garantiroit son païs de toute incursion, le Landgrave tout prevenû qu'il etoit, sentit parfaitement la sagesse de ces representations, mais ce Prince etoit lié par son traité avec le Roi d'Angleterre, & il crût qu'il etoit plus grand d'exposer son païs aux malheurs de la guerre, en observant une convention qu'il pouvoit rompre, que de sauver ses sujets, en gardant la Neutralité; La suitte à fait voir le repentir que

ce

ce Landgrave à eû d'avoir ſuivi des conſeils intereſſés, a peine fut-il inſtruit que le Duc d'Orleans marchoit ſur la capitale de ſes Etats, qu'il reſolut de les abandonnèr, en conſequence il aſſembla ſes Miniſtres, nomma un conſeil de regence, & ecrivit au Maréchal d'Etrées une lettre par laquelle il annoncoit qu'il avoit donné ordre à ſes ſujets d'ouvrir les portes de toutes les villes du Landgraviat aux trouppes francoiſes, qu'il ſe retiroit de ſes Etats, & qu'il eſperoit que la france les ménageroit & ne regarderoit point comme ennemi, un Prince qui avoit crû qu'il etoit de ſa gloire de remplir ſes traités.

Cette lettre fit ſuspendre la marche de l'Armée que le Duc d'Orleans menoit dans la Hesse, & le Marquis de Contades partit pour aller prendre possession de ce Landgraviat avec quatre Brigades d'Infanterie & vingt Escadrons de Cavalerie.

Pendant que cet Officier general s'avancoit vers la Hesse, le Landgrave agé de soixante & quinze ans quittoit sa capitale incertain de la revoir, & alloit en simple particulier chercher un azile à Hambourg, les Hessois temoins de ce spectacle versoient des pleurs que les bontés de Louis XV. avoient voulû leur epargner, ces peuples d'ailleurs n'ont point eû à se plaindre, Cassel tres belle ville, & surtout la Neuve qui le disputeroit à toutes celles de l'Europe, si elle étoit plus grande, cette capi-

Capitale à été menagée, on à même porté la délicaſſe jusqu'à ne point aſſigner de logemens dans les maiſons ſur lesquelles, il y avoit un carton aux armes du ſouverain, & on dira ſans exageration qu'independamment de la Nobleſſe, tous les Penſionaires, commenseaux & Domeſtiques du Landgrave & de ſon fils qui ſont en grand nombre, joüiſſoient de cet avantage, on à eû les mêmes conſiderations pour le reſte du Landgraviat, car excepté les ſubſiſtances qu'on à fournies par forme de contributions, l'Etat n'a point été lezé; on en apelle à ſon Souverain & à la régence; je reviens à la grande Armée.

Le Paſſage du Wezer fixant alors toute l'attention du Maré-

 chal

chal d'Estrées, il fit avancer le sept au soir, le Marquis d'Armentieres qui étoit à Erken avec sa reserve, sur les hauteurs de Bevenrugen, c'est là qu'il reconnût l'emplacement du pont qu'on vouloit jetter entre ce village & celuy de Blankenau. Aussitôt que cet Officier general parût sur ces hauteurs six cent hommes tant Infanterie que Cavalerie Hanovrienne qui étoient de l'autre coté du Wezer dans le village de Lemfoude, se retirerent, on presuma delà que l'intention du Duc de Cumberland n'étoit point de deffendre cette riviere, on à sû depuis qu'il en avoit prevenû les cours de Londres & le Camp du Roi de Prusse, car depuis longtems ce Prince n'a point d'autre cour, j'ignore ce que ces deux Rois luy repondirent, mais

je

je crois que l'inferiorité de l'Armée Hanovrienne n'étoit point un obstacle qui dût l'empecher de deffendre cette riviere ; en s'opposant au Passage le Duc de Cumberland auroit retardé les opérations des François, & ceux-cy eussent perdû beaucoup de Monde, on vera bientôt que cette faute en à entrainé d'autres.

Le Marquis d'Armentieres ayant fait occuper le village de Bevenrugen par une partie de ses Grénadiers & de ses Hussards, se porta au milieu de la nuit a Blankenau, & le huit à quatre heures du matin, il y fit établir son pont sans aucun obstacle, le même jour à midi, cet Officier general passa le Weser avec quinze Compagnies de Grénadiers pour balayer le païs

 de

de l'autre coté, & il poussa jusqu'à Bossem, il eût le soin, en passant, de faire occuper le chateau de Fostemberg, d'ou les ennemis s'etoient retirés avec tant de précipitation qu'ils y avoient laissé deux cent havresacs.

Pendant que ces manœuvres se faisoient, le Maréchal d'Estrées étoit venû établir son quartier à l'Abbaye de Corvey, c'est dans ce Monastére qu'un Religieux de l'ordre de St. Bēnoit, vient faire voeu d'humilité pour devenir un jour Prince du St. Empire. En attendant que toute l'Armée fût rassemblée, les différens corps dispersés se réunirent auprès du General & camperent entre cette Abbaye & la petite ville d'Hoxter, qui appartient à l'Abbé de Corvey, mais

mais ce Prince n'ayant pas assés de monde pour y avoir une garnison de trente hommes, en a cedé les murs à l'Eveque de Munster qui y entretient des trouppes.

Le Marquis d'Armentieres attentif a veiller à la reconnaissance de la rive droite du Wezer, envoya Messieurs d'Eneri & Baudoïn Aide-Maréchaux generaux des logis avec trois cent volontaires pour continuer cette reconnaissance jusques aux villages de Bevern & de Votz, ces Officiers ne rencontrérent dans leur marche que quelques chasseurs, qui à leur approche, se jetterent dans les bois, le Marquis d'Armentieres revint camper avec sa reserve sous le chateau, qu'il avoit fait occuper, & le Maréchal d'Estrées, qui n'attendoit que

 le

le reſte de ſon Armée, qui s'acheminoit, pour lui faire paſſer le Wezer, fit établir deux nouveaux ponts de pontons à Tonnembourg.

On fut informé le même jour que le Marquis de Pereuſe s'étoit emparé avec une Brigade d'Infanterie & une de Cavallerie de la ville de Minden, & que la garniſon composée de trois cent Hanovriens, avoit été faite priſonniere de guerre. Toutes les diſpoſitions etant faites pour paſſer le Weſer, l'Armée quitta le camp de Corvey le ſeize, & ſe mit en marche ſur ſix Colonnes, l'Infanterie paſſa cette riviere ſur les trois ponts, qui avoient été établis, & la Cavalerie à gué, le quartier general fut marqué à Holtz-Munden, & comme on fut averti, qu'il

y

y avoit des partis de chasseurs répandûs dans la foret de Sallingen, le Comte de Langeron, fut envoyé à la tête de huit cent hommes d'Infanterie, pour faire déguerpir les ennemis.

Le Duc de Chevreuse, Lieutenant-General, partit le dix sept avec un detachement, pour se porter à Olendorf, & reconnaitre les mouvemens de l'ennemi au debouché de la Gorge de Vinkensen, les succés se multiplioient chaque jour, a peine eut-on passé le Wezer, & appris la prise de Minden, qu'on fut informé, que le même Officier General, à qui cette placé s'étoit soumise, venoit aussi de s'emparer de Göttingen, ville jadis Impériale, mais dependante aujourd'hui de l'Ectorat d'Hanovre, fameuſe par ſon Univerſité, le Commendant de cette place la rendit à ia premiére ſommation, deux cent hommes de garniſon y furent faits priſonniers de guerre, on trouva dans la ville, outre beaucoup de munitions de bouche, dix neuf piéces de canon.

L'Armée partit de ſon camp d'Holtz - Munden le vingt, & vint à Ollendorf, ſa marche fut aſſurée par le Duc d'Orleans, qui commendoit un corps de quatre vingt huit compagnies de grenadiers & tous les dragons de l'Armée, les Hanovriens qui avoient préſenté quelques têtes de trouppes dans les gorges de Vinkſen & de Halle, ſe retirerent à l'approche de ce corps, l'Armée arriva le vingt deux au village d'Herd'Herven, la marche en avoit été ouverte la veille par le Comte de Maillebois, qui s'y porta avec les grenadiers royaux de Solar, & les volontaires de Flandres & de Hainault; à la pointe du jour, il reconnût la position des ennemis, qui occupoient les villages de Bergh & de Freinghen, il y eût une legere escarmouche entre les deux partis, qui finit aussitot que le Comte de Maillebois eut terminé sa reconnaissance, le même jour le Maréchal d'Estrees, & les Princes se portérent de leur quartier sur un plateau avancé dans la plaine entre ces deux villages & céluy d'Herven, le Maréchal d'Estrées après avoir fait tater les villages de Berg & de Freinghen, par quelques volontaires, ne jugea pas à propos de les attaquer,

& se retira, le Duc de Cumberland profita de ce mouvement pour faire avancer sur le plateau que le Maréchal d'Estrées venoit de quitter, un corps de Cavalerie, cette démarche determina celuy-cy à faire battre la generale, l'Armée qui venoit d'arriver se porta avec la plus grande vivacité sur le champ de bataille, qui fut reconnû dans l'instant, les Hanovriens au nombre de cinq à six mille hommes se retirerent dans leur camp.

Le lendemain, le Maréchal d'Estrées decida, que le Marquis de Contades partiroit pendant la nuit à la tête de cinquante compagnies de grenadiers & de trois régimens de dragons, cet Officier general se porta au village de Brokensen

kenſen en deça de celuy de Bergh, que les ennemis tenoient en force, ce detachement étoit ſoutenû de la réſerve du Marquis d'Armentieres, qui ſe porta ſur Freinghen, & le Marquis de Vogué à la tete de quatorze compagnies de grénadiers & des volontaires de Flandres & de Hainault avança ſur les hauteurs d'apforte dans les bois de la gauche des Hanovriens pour les reconnaitre & les inquieter dans cette partie ; le vingt quatre à deux heures du matin le Maréchal d'Eſtrées accompagné des Princes ſe mit en marche pour voir l'effet du detachement du Marquis de Contades, l'armée eût ordre de ſuivre, on arriva à la pointe du jour ſur le plateau, dont j'ai deja parlé, mais on trouva que les Hanovriens avoient abandonné les villages de Bergh & de Freinghen, & s'étoient retirés ſur les hauteurs & les bois qui couvent toute cette partie du Wezer, l'objet étoit de les forcer d'abandonner ces hauteurs, le Duc de Broglio qui avoit marché avec ſa réſerve, pour concourir par la rive gauche du Wezer, à la manœuvre generale, fit canoner les ennemis qui preſſés d'ailleurs par un feû aſſés violent de l'avant-garde de l'Armée, furent contraint de quitter leur poſition, le Marquis de Vogué d'ailleurs en avoit pris une trés-favorable ſur les hauteurs de la gauche des ennemis, d'ou il les canonna longtems avec ſuccés, mais les Hanovriens ſe renforçant, il eût ordre de ſe retirer. L'Armée campa ſur le terrein qu'elle venoit de prendre, la gauche étoit ap-

appuyée au Wezer, & la droite au village de Bergh, le plateau dont il à déja été question étoit à peû près au centre de la ligne.

Le Maréchal d'Estrées toujours circonspect dans les Démarches importantes, assembla le même jour un conseil de guerre à cinq heures du soir, on y agita si on attaqueroit les ennemis, cet objet fut discuté longtems, mais les debouchés par lesquels il faloit passer, pour aller à eux, paraissant trop difficiles, il fut arreté qu'on feroit reconnoître & qu'on manœuveroit pour tacher de déposter les Hanovriens en les tournant, cet avis étoit celuy du Maréchal d'Estrées, ce general auroit pû decider seul, mais il n'appartient

tient qu'au ſot orgüeil ou au petit Eſprit de prononcer d'après ſoi, quand il peut conſulter des hommes expérimentés.

Les François eurent, pendant la nuit, avis que les ennemis ſe retiroient, en conſequence le Maréchal d'Eſtrées fit de nouvelles diſpoſitions, & renvoya le Marquis de Vogué en force reprendre ſa poſition ſur les hauteurs le vingt cinq à la pointe du jour; cet homme, qui General & Soldat (qualités qui ne ſont pas toujours réunies) touche par une Gradation meritée au faite des honneurs militaires, M. de Chevert joignit le Marquis de Vogué pendant la nuit, ils firent canoner les ennemis auſſitôt qu'ils purent les appercevoir, le Comte de Maillebois arriva

arriva dans ce moment, & pensant que l'affaire pouvoit s'engager plus serieusement, il vint en rendre compte au general, qui s'étoit porté luy-même à cette attaque par les debouchés reconnus sur les hauteurs d'Hossem, il etoit à la tête de la reserve du Marquis d'Armentieres & avoit ordonné à son armée de le suivre, elle arriva, en effet, successivement sur ces hauteurs, & on decouvrit alors l'Armée Hannovrienne rangée en Bataille dans son Camp, la droite à Hamelen & la gauche appuyant aux bois & aux hauteurs d'Apforte, cette partie étoit soutenüe de Batteries & d'une Espéce de Redoute, toute l'Armée Françoise se trouva rassemblée à quatre heures après midi sur les hauteurs touchant par la gauche jusqu'au Wezer

Wézer, il y avoit en avant de cette gauche un marais prèsque impraticable protegé du coté des Hanovriens par un plateau, ou ils avoient établi du canon, & le village d'Astinbeck étoit en avant du centre, on voit par la position avantageuse que le Duc de Cumberland avoit prise, qu'il n'étoit pas possible de l'attaquer de front, il faloit donc necessairement le tourner par sa gauche, M. de Chevert fut chargé de cette opération delicate, on luy donna les Brigades de Picardie, Navarre, la Marine, & d'Eu, le reste de la jornée fut employé à differentes dispositions pendant lesquelles on se canonna de part & d'autre jusqu'à la nuit.

Le Duc d'Orleans, le Prince

de

de Condé, le Comte de la Marche & plusieurs Officiers generaux, qui les admirerent, en les imitant, concherent sous des arbres, le Soldat est toujours grand, quand il à devant ses yeux de pareils exemples.

Quoique le Maréchal d'Estrées eût decidé la veille que Mr. de Chevert commenceroit l'attaque à la pointe du jour, & que l'Armée s'ebranleroit au prémier signal qu'il donneroit, il s'eleva à trois heures du matin un Broüillard si epais que les Armées ne purent s'apperçevoir qu'a six heures, alors les Hanovriens, qui pour cette fois vouloient se battre, engagerent l'affaire par quelques canonades, auxquelles les François ne rêpondirent que faiblement, parceque le le ſignal de Mr. de Chevert devoit les guider, mais cet Officier general ne put arriver au point fixe de ſon attaque qu'à huit heures & demie, & ce moment decida le mouvement de l'Armée.

Le Marquis d'Armentieres deboucha ſur la droitte avec les Brigades de Belzunce, la couronne & Alſace ſoutenües de la Brigade Impériale & des Dragons à pié, ſon objet étoit d'attaquer les Batteries & la Redoute des ennemis, le reſte de la ligne s'ebranla lentement, & on entendit commencer l'Attaque de Mr. de Chevert, le Marquis d'Armentieres avoit été obligé de changer un peû la Direction qu'il devoit ſuivre, on fit en conſequence marcher à la re-

de

doute la Brigade de Champagne & celle de reding ſuiſſe, ce mouvement devenû neceſſaire conſervoit l'ordre general de la Bataille qu'il etoit important de ne point intervertir.

Le bois de la droitte devint le veritable. Champ de Bataille, le reſte du terrein, fut celuy de l'Artillerie qui fut placée & ſervie ſuperieurement, jamais on ne vit un feû ſi vif & ſi bien nourri, graces à la bravoure de Mr. de Chevert ſoutenû par le courage des Brigades, qui combattoient ſous luy, les Attaques de la droitte firent leurs progrés, & gagnerent toujours ſur la flanc de l'ennemi. Les Grenadiers voyoient avec plaiſir un Lieutenant-General, qui avoit eté ſimple Volontaire, marcher à leur

leur tete ſans Cuiraſſe & le Cordon rouge ſur l'habit, on ſait qu'il répondit a un Officier, qui le preſſoit de prendre ſa Cuiraſſe, *ces braves gens en ont-ils*, ce mot auroit crée des Soldats, s'il n'avoit pas été adreſſé à des Trouppes dont l'intrepidité à fait plus d'une fois honneur à la France.

La Brigade de Champagne ſoutenûe de celle d'Alſace attaqua une Batterie de huit piéces de canon, & de deux aubuſiers; un jeune Colonel né pour ſervir de modele à ceux qui aiment la guerre & les arts, le Comte de Giſors à la tête du Regiment de Champagne s'y porta avec tant d'intrepidité qu'à la ſeconde attaque, il força les ennemis d'abandonneur leur batterie, & il la fit ſur le champ tirer

tirer sur eux, Reding, pendant ce tems, garda la liziere du bois dont il étoit essentiel de s'assurer, dans ce moment on songea à engager les attaques de la gauche, & on fit marcher au village d'Astinbeck, le Comte de Guerchi avec le Regiment du Roi qu'il commande, les Grenadiers de France & ceux de Solar, les autres colonnes s'avançoient lentement, on s'apperçût alors que les Hanovriens avoient dégarni leur gauche, & faisoient filer des trouppes pour soutenir le bois dans lequel on entendit un feû très vif, & l'on vit paraitre presqu'en même tems quelques Escadrons dans la troüé de la droite, le Maréchal d'Etrées n'en fut pas plutôt informé, qu'il y envoya une Brigade d'Infanterie & une de Cavalerie,

ce

ce mouvement & les trouppes qui avoient été repliées dans cette partie, qu'on vit, tout-acoup, paraitre en desordre suspendirent pendant près d'une heure le succés des autres attaques, & on ajoutera même avec regret, qu'elles empecherent la deroute complette de l'Armé du Duc de Cumberland, la promesse qu'on à faite de ne rien dissimuler, ne permet pas qu'on deguise, que quelques Regimens d'Infanterie qui avoient mis l'ennemi en fuite, étoient rentrés dans le bois pour s'y reposer, & qu'alors l'enemi sur lequel ils ne comptoient plus les charga avec rapidité, la perte que les François firent alors, fut très considerable, mais ceux qui n'avoient pas été blessés, coururent à leurs armes, & vangerent, dans le sang des

des Hanovriens, la mort de leurs camarades, de faux avis d'ailleurs, donnés par une foule de valets epouvantés, tromperent le Maréchal d'Eſtrées à qui on voulut perſuader, que les ennemis le coupoient, & dans cette idée on perdit néceſſairement un tems dont les Hanovriens profiterent pour concerter & aſſurer leur retraite, car la Cavalerie qu'on avoit fait marcher vers le bois, y fut à peine arrivée que la ceſſation du feû, & la pouſſiere qu'on apperçut annoncerent la marche rétrogradée des Hanovriens, le Maréchal d'Eſtrées ſongea alors à ſoutenir par de la Cavalerie, les Grénadiers de France, que le Comte de Guerchi avoit fait déboucher du village d'Aſtinbeck & il y envoya les Carabiniers & la Brigade de royal Pologne.

Le Duc de Cumberland continuoit, pendant ce tems-la, sa retraite sur les hauteurs d'Hamelen, le Maréchal d Estrées le fit suivre pendant une demie heure, mais voyant qu'il se retiroit en bon ordre, & que l'Armée Françoise qui avoit besoin de repos, étoit Maitresse du Champ de Bataille, il se contenta de pousser un detachement en avant pour masquer la ville d'Hamelen.

Ainsi finit *l'affaire d'Astinbeck* à qui ce village a donné le nom; sans qu'on puisse l'appeller une Bataille, elle en à eû tout l'eclat, & le succés, comme on le vera dans peû, le bois, ainsi qu'on l'a observé, étant devenû le principal champ de Bataille, peû de troupes ont eû l'avantage de donner, mais

mais la gloire n'a pas moins été generale, le Duc d'Orleans à la tête de la Cavalerie augmentoit l'empressement de cette Trouppe avide de combattre, les Princes se sont portés partout avec cette valeur tranquille, qui distingua autrefois les Condé & les conty dont ils nous promettent les talens superieurs, on ne parle point du Maréchal d'Estrées, il se comporta, comme il le devoit, cela peint l'héroisme.

Le Marquis de Bréhant y soutint à la tête de Picardie, lá reputation de bravoure qu'il à meritée partout, le Vicomte de Belzunce fut blessé, d'un coup de feû au bras en faisant des prodiges de valeur, le Fils de cette Dame celebre neé pour le siécle qu'elle embellit, & les arts qu'elle honora, le Comte du Chatelet-Lomont fut bleſſé dangereuſement, à la tête du Regiment de Navarre, le Marquis de Laval combattit & mourut comme les Héros de ſon nom; le Lieutenant Colonel du Regiment de Picardie, eut le même ſort, les regrets qu'il emportat honorent beaucoup plus, ſa memoire que les tîtres dont on l'auroit décoré, s'il eut ſurvecû à une victoire a laquelle il à contribué. Mr. de Buſſi qui commendoit un Corps de Volontaires y fut auſſi tué ainſi que beaucoup de vaillans François que la patrie pleure encore, ſi on vouloit donner la liſte de tous ceux, qui ſe ſont diſtingués ou qui en ont deſiré

ſiré l'occaſion, il faudroit nommer toute l'Armée.

La perte des François fut de quinze cent hommes, tant tués que bleſſés, celle des Hanovriens à été à peû près egale, ou leur fit beaucoup de priſonniers parmi lesquels il y ſavoit un General-Major & pluſieurs Officiers.

L'Armée Françoiſe coucha ſur le Champ de Bataille, & le lendemain le Maréchal d'Eſtrées dépecha à la cour de Verſailles le Comte de Giſors, pour y porter cette importante nouvelle, il envoya auſſi aux cours de Vienne & de Cologne, des Officiers chargés de la même commiſſion.

Le vingt huit on fut informé

que le Duc de Cumberland continuoit ſa retraitte ſur Minden, le même jour le Maréchal d'Eſtrées commença à gouter les fruits de la victoire qu'il venoit de remporter, Hamelen demanda à capituler, cette ville ſituée au confluent de la riviere de Hamel avec le Weſer, eſt la principale Clef du Duché de Brunswick & de l'Electorat d'Hanovre, aſſés forte d'ailleurs pour meriter un ſiége, on blama le Duc de Cumberland d'avoir abandonné cette place, en effet, ſi ce Prince y avoit jetté ſeulement quinze cens hommes de bonnes trouppes, Hamelen auroit pû tenir trois ſemaines, je comprens dans ce tems les préparatifs du ſiége, qui emportent aumoins huit jours, mais dans cette guerre funeſte pour les Hanovriens,

novriens, leur Chef n'a presque jamais été Maitre de rien, le peuple intimidé au ſeul nom des François qu'on leur avoit peints avec des couleurs odieuſes, ne demandoit qu'à fuir ou qu'à ſe rendre, ſans vouloir entendre parler d'un ſiége, le Duc de Cumberland forcé de ceder à des inſtances, qui degeneroient en menaces, ſe vit ſouvent obligé de ſacrifier l'interêt de ſa gloire aux pleurs de la multitude, & quelquesfois aux murmures des Heſſois dont la fermentation devenoit conſiderable, depuisque les François occupoient leur païs; on doit ces remarques à la juſtification du Duc de Cumberland, qui n'a été que malheureux.

On trouva dans Hamelen ſept

cent hommes de troupes reglées qui eurent permission de se retirer, mais tous les blessés de l'affaire d'Astinbeck que les Hanovriens y avoient déposés, & trois-cent miliciens furent faits prisonniers de guerre, on s'empara de soixante piéces de canon qui bordoient les remparts de cette place, & de toutes les munitions de guerre & de bouche qu'on y trouva, le vingt neuf le Maréchal d'Estrées, qui vint camper à une lieüe de cette ville y fit entrer huit cent hommes de Garnison, & en donna le commandement au Marquis de Souvré, Lieutenant General, le même jour le general François tout plein de sa victoire & des nouveaux avantages qu'il se proposoit, avec raison, d'en retirer, reçut une lettre du du Roi ſon Maitre qui le rapelloit, ſi ce rappel, comme le peuple l'a crû, avoit été une disgrace, cet evenement eut preſenté un ſpectacle nouveau, & on auroit vû pour la premiere fois un General disgracié, le jour même de ſa victoire, la verité eſt, que Louis XV, par des circonſtances auxquelles il faloit ſe ranger pour l'interêt de la France & de ſes Alliés, ſe vit alors dans le cas de ne faire qu'un ſeule Armée de celle que le Maréchal d'Eſtrées commandoit en Veſtphalie & de celle que le Maréchal Duc de Richelieu devoit avoir en allemagne, ces deux corps réunis, il étoit tout ſimple que le plus ancien Maréchal de France eût le commandement, voila la ſeule raiſon qui determina le rappel du

 Maré-

Maréchal d'Eſtrées, ce General fit part de la lettre du Roi aux Officiers de ſon Armée qui l'environnoient, & il finit par l'eloge du Maréchal de Richelieu qu'il leur annonçoit, c'eſt ainſi qu'autrefois le fameux Villars ſe comporta, lorsque le Maréchal de Bervick vint le remplacer dans cette guerre funeſte que des prêtres tropardens faiſoient faire à Louis quatorze, contre ſes ſujets Calviniſtes.

Le General François s'imaginant, avec raiſon, que la chute d'Hamelen entraineroit neceſſairement celle de Hanovre, envoya des trouppes en avant, & fit des diſpoſitions pour porter ſon Armée à Oldendorf petite ville du Comté de Spiégelberg, elle y arriva ef-

effectivement le trois Aoust, le même jour à onze heures du soir le Maréchal de Richelieu entra dans cette place accompagné de plusieurs Officiers generaux.

Le Lendemain les deux Maréchaux confererent ensemble, le Maréchal d'Estrées communiqua ses plans & parla de ses projets avec le zéle d'un citoyen, & l'intelligence d'un héros qui sacrifie l'amour propre à celuy de la patrie. On aprit alors que la tête des trouppes parties de France aux ordres du Maréchal de Richelieu, étoit arrivée dans la Hesse, & que le reste prenant la même direction y arriveroit successivement dans le courant du mois, le Maréchal d'Estrées demeura quatre jours à l'Armée pour y suivre avec le Maréchal de Richelieu l'objet de leur prémiere conférence, le sept ce General partit pour aix-la chapelle où sa santé affaible par des fatiques continuelles l'obligea de prendre les eaux, il eût en partant le sort de tous les grands hommes, il laissa beaucoup d'admirateurs, & quelques ennemis gens sans merite, qui critiquent toujours le General, qui ne les consulte point.

La cruauté qu'on luy à reprochée, est une injustice criante, ses severités ont été necessaires, le Soldat François est brave, tout le monde le sait, mais son gout pour la maraude va jusqu'au Brigandage, & les exemples ne sauroient être trop frequens pour le

ra-

ramener à l'obſervation des ordonnances. On à taxé ce General de trop de ſeverité avec auſſi peû de raiſon qu'on a reproché, trop de douceur au Maréchal de Richelieu, tous deux ont été juſtes; quand celuy-ci à pris le commandement de l'Armée, les exemples étoient faits, & il ne faloit plus que des peines legeres pour achever de contenir le Soldat. Je conçois qu'avec très peû de merite, on peut avoir beaucoup de Partiſans, mais je conçois encore mieux qu'avec des talens ſuperieurs, on à beaucoup d'ennemis.

L'Armée partit le même jour d'Oldendorf pour aller camper ſous Munder ville dependante de l'Electorat de Hanovre, les Comtes de Platen & d'Ardenberg y arriverent le même ſoir, & traiterent avec le Maréchal de Richelieu de la Capitulation de Hanovre, on convint que la ville ſeroit remiſe aux trouppes du Roi très-chrêtien, que les huit cent hommes tant Invalides, que miliciens qui compoſoient la garniſon mettroient bas les armes, & ſe retireroient chacun chez ſoi, à condition de ne point ſervir pendant toute cette guerre, & que l'on remettroit fidelement aux Commiſſaires de France tous les Magazins appartenans au Roi d'Angleterre, on ajoûta qu'on auroit pour les palais & jardins de ſa Majeſté Brit. tous les egards qu'on doit aux Souverains, & que ceux-cy ne devroient jamais violer.

Les Etats de Brunſwick imiterent

rent ceux d'Hanovre, & envoyerent des Députés au Maréchal de Richelieu, l'objet de cette Deputation étoit de sommettre le Duché de Brunswick à la Clémence du Roi très-chrêtien, les ennemis de ce Monarque connoissent trop la bonté de son ame, pour craindre qu'en se vengeant il oublie les loix de l'humanité & de la Moderation, si précieuses à son cœur.

Le huit le Duc de Randan, Lieutenant General, eût ordre de se porter à Vinsdorf avec deux Brigades d'Infanterie & une de Cavalerie, le Marquis d'Armentieres & le Duc de Broglio chacun avec sa réserve, se porterent aussi en avant, quatorze Escadrons de la Cavalerie, qui du Camp de Ruremonde étoit passé à celuy de Wesel, vin-

vinrent renforcer le corps aux ordres de ce dernier Officier general; tandis que l'Armée séjournoit à Munder, les corps detachés faisoient des progrés, le Duc de Chevreuse ayant avec luy le Chevalier de Pont & le Comte d'Egmont, Maréchaux de Camp, entra le neuf dans la ville d'Hanovre à la téte des Grenadiers de France, du Regiment d'Enghien & de trois Regimens de Dragons, l'Infanterie occupa les portes, & le Duc de Chevreuse fit sur le Champ exécuter la capitulation, le Maréchal de Richelieu quitta le dix le camp de Munder & arriva sous Hanovre à neuf heures du matin, on tint la parole qu'on avoit donnée aux deputés de la regence, & le quartier general fut placé dans les Faubourgs, les Princes seuls

ſeuls logerent dans Hanovre, le Marechal de Richelieu y entra avec une cour nombreuſe, & donna l'exemple en allant ſe loger hors de la ville, on remarquera en paſſant que les françois perdirent de vüe le même ſoir, toutes les peines qu'ils avoient eſſuyées, les comediens etablis à Hanovre joüerent, & deux heures de ſpectacle firent oublier quatre mois de fatigue.

Le Maréchal de Richelieu reçut le même jour des avis de l'Armée du Duc de Cumberland, ils portoient que ce Prince, qui depuis l'affaire d'Aſtinbeck, s'étoit retranché à Nienbourg, ville du Duché de Brunſwick-Lunebourg, en etoit parti & qu'il marchoit du coté de Ferdenn ou Verden,

den , capitale d'une province du même nom que les Danois cederent en mil ſept cent douze à l'Electeur de Hanovre, telle etoit la deſtinée du Duc de Cumberland, comptant autant ſur les ſecours qu'on lui avoit promis, que ſur les pluyes qui inondent, tous les étés, le païs que les françois occupoient, il ſe fortifioit par tout, & par tout ſes Alliés & la ſaiſon etoient contre lui, de vieux Hanovriens m'ont aſſuré que depuis quarente ans, ils n'avoient pas vû un eté auſſi ſec.

Le Maréchal de Richelieu ſentant combien ſon Armée avoit beſoin de repos, la fit ſéjournér dix jours ſous Hanovre, pendant ce tems on ne laiſſa pas que de faire des progrés, Mr. de Ménicles, Lieute-

Lieutenant Colonel partit à la tête d'un détachement de deux cent dragons pour s'emparer de Zell, ou il trouva de gros Magazins, que les Hanovriens avoient laiſſés dans cette ville, ſituée ſur l'Aller, & capitale d'un Duché du même nom appartenant à l'Electeur de Hanovre, de ſon coté le Duc d'Ayen Lieutenant general ayant avec lui les Marquis de Jonſac & de Voyer Maréchaux de camp, trois Brigades d'Infanterie & deux de Cavalerie, alla occuper Brunſwick, capitale du Duché du même nom, & Wolfenbutel ville conſiderable ſituée ſur l'Ocker & Reſidence ordinaire des Ducs de Brunſwick, le dix ſept on vit partir avec douleur le Duc d'Orleans, ce Prince qui avoit merité la confiance des trouppes, emporta les regrets

regrets de toute l'Armée, ſa ſanté derangée par les fatigues auxquelles il s'étoit livré, le contraignit d'aller prendre les eaux à Aix la Chapelle, l'effet qu'elles ont fait, raſſurent aujourd'hui tout ceux que l'etat de ce grand Prince avoit allarmés.

Le dix neuf & le vingt le Maréchal de Richelieu porta en avant pluſieurs détachemens d'Infanterie, tant aux ordres du Marquis de St. Pern, qu'à ceux du Comte de Fitzjames, l'objet de ces differens détachemens, étoit d'aſſurer la marche de l'Armée qui alloit faire un mouvement, le vingt un le Duc de Chevreuſe à la tête de quatre regimens de Dragons, deux Lieutenants generaux & cinq Maréchaux de camp, partit pour le même

même objet, le même jour la Brigade Impériale, la premiere Brigade Palatine, les Brigades de Belzunce, de Lionnois & du Roi, se porterent aussi en avant aux ordres du Marquis de Contades qui avoit avec lui, Mr. de Chevert, le Comte de Guerchi & Mr. d'Isselbach Palatin, Lieutenants generaux avec les Comtes de Ruffey & de Leide, Dosten Palatin & le Marquis de Ségur, Maréchaux de Camp.

Ces differens mouvemens tendans tous au même but annonçoient le départ prochain de l'Armée, le Maréchal fit entrer dans Hanovre le Regiment de Provence, & celuy d'aquitaine Cavalerie, le Duc de Randan eût le commendement de cette place, le Comte de Gisors revint le même soir de Paris,

Paris, & apporta les graces, que le Roi avoit accordées à plusieurs des Officiers soit de l'Etat major, soit des corps particuliers, qui s'étoient distingués à l'affaire d'Astinbeck, le Comte de Narbonne-pellét Aide-Major General & quelques Officiers du même corps eurent des pensions, le Comte du Chatelet fut fait Brigadier des Armées, le Marquis de Bréhant & le Vicomte de Belzunce eurent chacun vne pension de deux mille livres, plusieurs autres en obtinrent proportionnement à leur grade, il y eut aussi des gratifications accordées à tous les Officiers blessés & beaucoup de croix de St. Loüis &c.

Les conjectures sur le départ de l'Armèe furent verifiées le vingt

vingt deux; elle partit a quatre heures du matin du camp ſous Hanovre ſur cinq Colonnes, & ſe porta au village de Wurnſtorff, le même jour le Maréchal de Richelieu reçût deux Couriers l'un venoit d'Embden & l'autre de Gueldres, le prémier apporta des dépéches, qui raſſurerent ſur le ſort d'Embden pour laquelle de faux avis avoient donné quelques inquiétudes, le ſecond étoit chargé de la capitulation, que Mr. de Boſſobre avoit faitte avec le Commandant de la Garniſon de Gueldres, cet Officier general avoit prevenû pluſieurs jours auparavant le Maréchal de Richelieu de la demande, que le Commendant de la place, luy avoit faitte de capituler, mais comme l'Intention de Mr. de Boſſobre étoit de faire la Garniſon de de Gueldres prisonniere de guerre, & que le Commandant vouloit avoir les honneurs de la guerre, il prit la dessus les ordres du Maréchal de Richelieu, ce general pensant que Gueldres n'étoit pas assés important pour y laisser plus longtems des trouppes, qui seroient utiles ailleurs, & voulant être maitre de cette place sans perdre un seul homme, il permit à Mr. de Bossobre d'accorder au Commendant les honneurs de la guerre, on à osé écrire que la ville de Gueldres, par cette capitulation avoit souffert des atteintes dans ses droits & dans ses prérogatives, la lecture seule de la capitulation suffiroit pour désabuser les esprits, prevenûs, le peuple toujours inquiet sur sa religion à demandé d'y être maintenû, la liber-

liberté des cultes y à été expressement permise, & la ville à été conservée dans les privileges dont elle joüissoit précedement, on s'est seulement reservé le droit, qui appartient au Souverain, de disposer des emplois, qui sont à sa nomination, les sujets qui s'étoient expatriés peuvent revenir sans crainte d'être inquittés & ceux qui ont voulû se retirer avec leur fortune en ont été les maîtres.

La conquette de Gueldres, met le Roi de Prusse, dans le cas de ne plus rien posseder au delà du Wezer. En même tems que l'Armée partit d'Hanovre, & marcha par la rive gauche de la Leine, le Maréchal de Richelieu detacha, par le rive droite de cette riviere, le Duc de Chevreuse avec tous les Dragons, quatorze Eſcadrons de Cavalerie, & une Brigade d'Infanterie, pour ſe porter à Bottmer, & venir établir des ponts ſur l'aller à Etzel.

L'Armée marcha le vingt trois, & campa à Cloſter - Marienſé, le Maréchal de Richelieu, inſtruit que le Corps de quatre mille Hanovriens, qui étoient à Rethem paraiſſoit vouloir s'y ſoutenir, fit partir à quatre heures après-midi le Chevalier de Maupeou, Maréchal de Camp, à la tête de quarente Compagnies de Grénadiers & ſix piéces de canon eſcortées d'un Détachement du Corps royal, ſon objet étoit de ſe réünir au Duc de Broglio qui s'étoit porté au village de Rodevoolt eloigné de deux lieües de la ville de Rethem avec

avec un Détachement conſiderable tiré de la reſerve du Marquis d'Armentieres , le Lendemain avant le jour les Brigades de la Marine & de Dauphin partirent de leurs camp commandées par le Marquis de Ségur pour ſe rendre egalement aux ordres du Duc de Broglio, ce Detachement étoit accompagné d'Ouvriers d'Artillerie & de Pontons , le Duc de Chevreuſe devoit concourir à cette operation , en marchant ſur le flanc gauche des ennemis, toutes ſes troupes réünies à Rodevolt, ſe porterent a Rethem ou elles arriverent à ſept heures du matin, les Hanovriens étoient campés ſous cette ville ayant l'aller devant eux, malgré l'avantage de cette poſition , il n'oſerent tenir, quelqu'uns des leurs qui occu-

 poient

poient un poſte avancé, ayant été tués, l'allarme fut auſſi-tôt répandûe dans leur camp, & les ennemis ſe retirerent à l'aſpect des trouppes, qui marchoient pour les combattre, leur poſition étoit d'autant plus favorable, que la veille ils avoient brulé deux arches du pont qui communiquoit de la ville à leur camp, le Duc de Broglio fit auſſi-tôt jetter un pont ſur l'aller, cette manœuvre, qui devoit luy couter du monde, ſe fit ſans le moindre obſtacle de la part des Hanovriens, qui ſe retirent avec précipitation, & laiſſerent parlà les françois maîtres de la riviere, le reſte de l'Armée du Duc de Cumberland retranchée à Verdenn, ne fut pas plutôt inſtruitte, que le Duc de Broglio étoit dans Rethem, qu'elle alla

en

en avànt pour proteger la retraitte du Détachement, qui ſe replioit, cette opération finie, elle abandonna ſe retranchemens qui étoient conſiderables, & ſe porta, par une marche retrogradée ſur le village de Rotenbourg on elle prit, à ſon ordinaire vne poſition avantageuſe.

Le Maréchal de Richelieu inſtruit de ce ſuccés marcha à Rethem, on il arriva avec ſon Armée le vingt-cinq, le Détachement du Duc de Broglio ne perdit pas un inſtant & alla tout deſuitte, occuper la ville de Verdenn. Ce jour ſera remarquable par un evenement ſiniſtre, la journée avoit été aſſés belle, une chaleur temperée ne faiſoit point craindre l'orage ge le plus terrible qu'on ait encore ſenti ; à ſept heures ſix minuttes du ſoir le tems s'obſcurcit tout d'un coup, trois minuttes aprés, une pluye melée de grèle & pouſſée par un vent impétueux, vint inonder la ville & le camp, la plus part des maiſons furent endommagées, les tentes renverſées, les piquets abbatus, les chevaux errans dans le camp, & trainant, après eux, les débris du ravage, les arbres déracinés, le Soldat accablé par la grèle & entrainé par les torrens, cherchant un abri à travers les eclairs & la foudre, telle eſt, ſans exageration, la peinture de cet orage, il dura trente cinq minuttes, & couta cent mille frans à l'Armée, trois hommes & vingt chevaux.

Les

Les Princes dont le quartier touchoit le camp de la Cavalerie, firent déloger leurs gens pour reçevoir tous les Officiers, qui se presentoient, il ne faloit pas moins que leur affabilité & leur prévenance, pour faire perdre de vüe les suittes d'un accident aussi funeste.

L'Armée fut obligée de sejournes deux jours à Rethem, il falut donner au Soldat le tems de racomoder les tentes & de se remettre des fatigues de cet orage, pendant ce tems le Maréchal de Richelieu déjà maître de Verdenn, portoit des Détachemens en avant, le vingt huit l'Armée partit pour aller en deux jouts de marche à cette derniere ville, le Comte de Guerchi avec la Brigade du Roi

& le Regiment Dragon de Caraman, resta campé sous Rethem, ou il devoit être joint par seize autres Bataillons dont une partie étoit déja arrivée à Hanovre; le Maréchal de Richelieu & les Princes ayant reconnû à Vesten le camp qu'on y avoit marqué pour l'Armée, se porterent le même jour à Verdenn, les Retranchemens, que le Duc de Cumberland avoit fait faire, à l'entour de cette place, étoient immenses, la riviere, devant elle, aidoit encore à la deffendre, on jugea dés lors que les Hanovriens ayant abandonné ces Retranchemens construits à grands frais, ils ne tiendroient nulle part, le pont qu'ils n'avoient pas même eû la précaution de couper, montre asses que le projet de se soutenir à Verdenn, n'avoit pas été con-

constant, toute l'Armée y arriva le vingt neuf, le même jour le Maréchal de Richelieu, qui méditoit un projet important, fit partir deux detachemens, l'un aux ordres du Marquis d'Armentieres, & l'autre à ceux du Duc de Broglio; l'objet du premier étoit d'aller s'emparer de Bremen, cette ville conqinse autre fois par les Suedois, à qui les Danoïs l'enleverent en mil sept cent donze, est demeurée depuis ce tems sous une espéce de protection du Roi de Dannemarck, qui n'y à d'ailleurs aucun droit de Souvéraineté, les Magazins considérables, que le Roi d'Angleterre y avoit, mirent le Maréchal dans le cas de s'en emparer, ce qui fût fait. La ville demanda la conservation de ses priviléges, on la lui accorda,

 elle

elle exigea auſſi qu'on la maintint dans ſa Religion, la France qui ne ſoumet que ſes ſujets à une ſeule façon de penſer, n'y toucha pas, au reſte les principales portes furent livrées aux trouppes Françoiſes, qui les gardoient conjointement avec celles de la ville qui eſt actuellement evacuée, le détachement commandé par le Duc de Broglio, avoit pour objet de s'aſſurer du Chateau d'Oſterberg, dans lequel il y avoit environ quatre cent Hanovriens.

Les Eſpions rapporterent le trente, que l'Armée du Duc de Cumberland étoit encore campée à Rotenbourg, ils ajouterent que le bruit general étoit, que ce Prince ſe retireroit à Stade, auſſitot qu'ils ſe verroit ſuivi de près, on ſut

auſſi,

aussi, qu'il y avoit une fermentation considerable dans l'Esprit des Hessois, & que ces trouppes ne cherchoient que le moment de mettre bas les armes, on fit partir aussitot le Marquis de Monteynard Maréchal de Camp ayant sous ses ordres le Baron de Wurmser Brigadier, avec vingt deux compagnies de Grénadiers, deux cent Carabiniers & cent Maîtres des Brigades de Dauphin & de Bourgogne, ces trouppes se porterent en avant, les volontaires de Flandres & de Hainault commandés par Mr. de la Morliere Brigadier, devoient favoriser leur marche, & Harceler l'ennemi jusqu'à ce que le Marquis de Monteynard éût joint, à midi on envoya à cet Officier general un renfort composé de la Brigade d'Alsace commandée par le Chevalier

valier de Wurmſer, Lieutenant-Colonel; Le trente-un l'Armée ſe porta à Wall, le Comte de Guerchi marcha avec ſa reſerve à la hauteur de la droite, & le Duc de Chevreuſe quitta ſon camp de Bottmer, pour faire un mouvement en avant, les Princes reſterent à Verden, qui n'eſt éloigné que de trois quarts de lieües du village de Wall, le camp qu'on y avoit marqué, fut apeine reconnû par le Maréchal Richelieu, qu'il allat de ſa perſonne pour examiner le poſte de Rotenbourg, il n'étoit qu'à deux lieüs de ce village, lorſqu'un de ſes aides de camp, qu'il avoit detaché la veille avec le Marquis de Monteynard vint lui raporter, que cet Officier general étoit à l'entrée de Rotenbourg, & que les ennemis avoient

avoient laissé dans le fort environ douze cent hommes qui canonoient, & sembloient vouloir tenir; Le Maréchal de Richelieu dépecha sur le champ le Comte du Roure Aide-Major general, pour accélerer la marche de l'Armée, & faire avancer promptement tous les Carabiniers & les Grénadiers avec de l'artillerie, les trouppes firent une diligence si grande, qu'elles arriverent à quatre heures après-midi à Rotenbourg éloigné de six lieües de Verden, mais les Hanovriens qui s'étoient apperçûs des dispositions du Maréchal de Richelieu, ne jugerent pas à propos d'attendre l'Armée, & ils se retirerent, après avoir laissé douze piéces de canon dans leur fort.

Le Marquis de Monteynard à la tête de son détachement passa sur le champ à gué un ruisseau considerable, & marcha sur l'Arriére-Garde des ennemis, qui se retirerent en si bon ordre, qu'on ne pût jamais les entamer, on prétendit, que Mr. de la Morliére ayant mal pris le sens d'un billet, que le Marquis de Monteynard lui avoit écrit, n'avoit point suivi sa direction, & que les ennemis avoient profité de cette erreur, la vérité est, que les dispositions de cet Officier general étoient très sagement arrangées; si l'exécution eût répondû au projet, l'Arriére-Garde Hanovrienne auroit été défaite.

L'Armée qui revint à Wal fit dix lieües ce jour-la, les Princes qui

qui étoient restés à Verden, n'eurent pas plutôt appris, que les ennemis étoient encore à Rotenbourg, qu'ils monterent à cheval, sans que rien pût les arrêter, & ils ne revinrent à leur quartier, qu'après avoir appris la retraite générale des Hanovriens.

Le premier & le deux Septembre l'Arméé resta à Wall, le Duc de Broglio voulant exécuter le dessein qu'il avoit, de faire jetter un pont sur la Wumme, & ne pouvant remplir ce projet avec succés, qu'il ne fut se assuré du Chateau d'Osterberg, il fit marcher, le premier, quelques trouppes pour s'en emparer, pendant que ces trouppes avancoient, on apprit, par des païsans qui sortoient du Chateau, que les Hanovriens

vriens faiſoient des diſpoſitions, qui annonçoient une retraite, Mr. de la Taille, Capitaine au Régiment de la Marine à la tête de douze Grénadiers de bonne volonté, marcha en avant, pour reconnaître, ſi le rapport étoit vrai, n'ayant apperçû aucune ſentinelle ſur le rempart, il s'approcha à une heure du matin jusqu'au pont-levi qui étoit levé, força les habitans de venir le baiſſer, & entra dans le Fort abandonné par les ennemis, on y trouva des Magazins & quatorze piéces de Canon.

Le trois quarente Dragons du Colonel general commandés par Mr. de Mouzon Lieutenant au même Regiment, & quinze Houſſards, le tout aux ordres de Mr. de Grand-Maiſon Lieutenant Colonel

lonel attaché aux trouppes legeres, le même qui à donné *le traité de la petite guerre*, entrerent dans la ville de Harbourg à six heures du soir, apres avoir passé sous la barriére & forcé la garde; ce détachement s'empara de la porte sans avoir perdû un seul homme, & vint se ranger en Bataille sur la place, Mr. de Grandmaison envoya sur le champ douze Dragons à l'éffet d'occuper une autre porte gardée par vingt hommes aux ordres d'un officier, ce poste fit quelque résistance, mais à la fin, il céda, il n'y eût qu'un seul Dragon blessé d'un coup de Bayonette, & un cheval tué, cette opération faite, Mr. de Grandmaison fit sommer le Commendant du Fort de se rendre, celui-ci demanda vingt quatre heures pour se consulter, il il avoit des munitions de toute espéce, vingt-six piéces de canons, deux mortiers & neuf cent hommes de Garnison, composée d'Invalides & de Miliciens, le delai etoit a peine expiré que quarente autres Dragons entrerent dans Harbourg, Mr. de Grandmaison profita de cette conjoncture pour faire sommer une seconde fois le Commendant de se rendre, celui-ci intimidé demanda à capituler, M. de Baudoin Aide-Maréchal des logis, dressa la capitulation, qui portoit en substance que les neuf cent hommes composant la Garnison du chateau de Harbourg, mettoient bas les armes, & se retireroint chez eux avec promesse de ne point servir tant que la guerre durera, & que les magazins seroient remis fidellement aux troup-

pes

pes du Roi très-chret. on prit aussi trois drapeaux aux ennemis; si au premier coup d'oeil, cette capitulation a étonné, la surprise a dû augmenter, quand on a sû que le chateau bordé d'un triple fossé est un des plus forts qu'il y ait dans l'Electorat de Hanovre, la ville est située sur l'Elbe qui la sépare de Hambourg; Immediatement après cette expédition, Mr. de Méniclés alla avec quatre-vingt dix Dragons & cinquante maitres s'emparer de la petite ville de Buxtehuden qui est aussi batie sur l'Elbe.

Le même jour le Maréchal de Richelieu accompagné de plusieurs Officiers généraux partit de Wal ou il laissa son Armée, & vint à Rotenbourg, d'ou il se porta à six lieües, en avant, pour reconnoi-

tre

tre le camp que les ennemis occupoient la veille, & d'ou le Marquis de Poyanne les avoit forcé de se retirer, malgrè l'avantage de leur position & la superiorité du nombre ; Le Maréchal de Richelieu ayant rempli ce premier objet, vint etablir son quartier à Closter-Seiven, ou il trouva vingt deserteurs Hanovriens, les uns disoient que l'Armée du Duc de Cumberland etoit à Stade, les autres assuroient qu'elle etoit encore à Bremen-Furde ville située sur l'Oost dependante du Duché de Bremen, le Maréchal partit le quatre, pour verifier par lui-même la verité de ces rapports, il n'amena avec lui que les Carabiniers, les Dragons d'Harcourt & ceux des volontaires royaux, après trois heures de marche, il arriva à Celsen ou il trouva va le Marquis de Poyanne qui lui confirma que le Duc de Cumberland etoit campé à Bremen-Furde, ce Prince avoit couché le deux à Celſen, le Maréchal de Richelieu deſirant examiner, par lui-même le camp des Hanovriens & la nature des chemins qui y conduiſoient, ſe porta ſur un plateau près du village de Beveren, les Houſſards de Berchini qui faiſoient ſon Avant-Garde, en avoient chaſſé quelques chaſſeurs, tandis que le Maréchal de Richelieu examinoit la poſition du camp du Duc de Cumberland, on vit ſortir d'un bois à la droite de Beveren une colonne conſiderable d'Infanterie, le détachement qui accompagnoit le General françois, les attendit de pié ferme, les Hanovriens ſuperieurs par leur poſition

tion & par le nombre avancerent en bon ordre dans le dessein de charger les ennemis, le Marquis de Poyanne ordonna sur le champ à deux cent Dragons, tant du Regiment d'Harcourt que des volontaires royaux de mettre pié à terre, & de marcher aux Hanovriens, cette manœuvre réussit, & après la premiere décharge ceux-ci se retirerent derrière le village, si dans ce moment ils avoient eû la presence d'esprit de s'emparer des maisons, & de faire feû, il ne revenoit pas un Dragon, le Maréchal de Richelieu ayant fait sa reconnoissance, qui etoit le seul objet qu'il avoit à remplir, retourna à son quartier, c'est peut-être la premiere fois qu'on ait vû un General accompagné seulement de cinq cent hommes, faire, à quatorze

torze lieües de son Armée, le métier d'un Capitaine de Grenadiers.

Le Marquis de Poyanne faisant toujours bonne contenance, apperçût de l'autre côté du bois, des détachemens d'Infanterie & de cavalerie, composés de corps entiers, autant qu'on pût en juger par les drapeaux & les Etendarts qu'on y vit, & sentant bien que le village de Beveren n'étoit un poste utile, qu'autant qu'il auroit eû de l'Infanterie pour le garder, il fit retirer en bon ordre les carabiniers & les Dragons, & pour empecher les ennemis d'user de leur superiorité, il laissa à cinquante pas du village le comte de Berchini avec son Regiment de Houssards, les manœuvres adroites que ce Colonel fit faire à son corps,

con-

continirent les ennemis pendant près d'une heure & demie, le Marquis de Poyanne penſant avec raiſon, que ceux-ci une fois réünis, tenteroient de profiter de leur avantage, avoit ordonné au Comte de Berchini de ſe retirer avec une précipitation affectée, auſſitot que les Hanovriens auroient l'air de faire un mouvement, l'objet de cette manœuvre étoit de les attirer dans une embuſcade, en effect à cinq heures & demie les ennemis qui s'étoient aſſurés de la retraite des François, ſortirent des environs du village, ou ils s'étoient raſſemblés, & ils conrurent ſur les Houſſards jusqu'à l'endroit prévû, à l'inſtant les Grénadiers des volontaires royaux, qui venoient d'arriver, & qu'on avoit fait cacher dans le bois par ou les Houſ-

Houſſards devoient paſſer, firent une décharge qui mit les Hanovriens en déſordre, & quatre piéces de canon, que le Prince de Chimai Colonel des Grénadiers de France, aménoit avec dix compagnies de ſon corps, tirerent ſur eux, & achevérent de les mettre en déroute, les François ne perdirent que deux chevaux, on tua trois hommes aux Hanovriens, & on leur fit quelques priſonniers.

Le Marquis de Poyanne revint à Celſen pour attendre des renforts, & ſe mettre en état d'aller attaquer les ennemis, ce qu'il auroit fait, ſi les circonſtances qui vont ſuivre n'euſſent tout ſuſpendû.

Tandis que les François poursuivoient les Hanovriens jusqu'es sur les bords de l'Elbe, les bons offices du Roi de Dannemarck, que la cour de Londres, avoit implorés, préparoit une negotiation, que les deux Armées, exceptés leurs Chefs, ignoroient.

L'Armée que le Maréchal de Richelieu avoit laissée à Wall, eût ordre de se porter à Closter Seiven, ou la premiere ligne arriva le sept, après trois jours de marche; la seconde, commandée par le Marquis de Morangiés, s'arreta à Rotenbourg.

Le cinq, un Trompétte venant du camp de Bremen-Furde apporta au Maréchal de Richelieu une Lettre du Duc de Cumberland,

land, par laquelle ce Prince demandoit une escorte pour le Comte de Linar, Ministre d'Etat de sa Majesté Danoise, le Maréchal fit partir le même jour un détachement de cent Carabiniers, qui coucherent à la derniere grand-Garde du camp de Bremen-Furde, & qui accompagnerent le lendemain le Comte de Linar, ce Ministre distingué par plusieurs négotiations est un homme aimable, qui parle & qui écrit notre langue avec facilité, la premiere conference avec le Général François ne roula que sur les formes préliminaires, qui precédent ordinairement ces sortes de Conventions, & il retourna seul, le même soir, au camp du Duc de Cumberland.

Dans le tems qu'on négotioit à Closter-Seiven, on se battoit à Buxtehuden, un corps de près de quatre mille Hanovriens marcha la nuit du six au sept, avec plusieurs piéces de canon sur cette place, ou les François, comme on là dit auparavant, n'avoient que cent quarante hommes, leurs vedettes que les ennemis tuerent, les mirent dans le cas d'être surpris, l'allarme fût bientôt répandüe dans la ville, malgré l'immense supériorité du nombre, les François firent des prodiges de valeur pour se dégager, ils perdirent environ quinze Dragons & trente chevaux, le Baron de Sicati Aide de camp du Duc de Chevreuse, fût fait prisonnier avec deux autres Officiers blessés, les Hanovriens ont perdû neuf

neuf hommes, & ont eû quelques bl.ssés.

La suspension d'armes arriva à propos pour sauver cette ville, qu'on avoit resolû de faire piller, attendû que les habitans avoient servi d'Espions aux Hanovriens, & les avoient prevenû du peû de monde que les François avoient dans la place.

La suspension d'armes dont on vient de parler, fût signée le huit entre le Maréchal de Richelieu & le Comte de Linar, qui revint le même jour à Closter-Seiven pour mettre la derniere main à la négotiation qu'il avoit entamée, la Cour de Versailles, prevenüe par celle de Coppenhague, avoit permis au Général François de négocier, autant que les circonstances & la position des deux Armées rendroient les propositions du Duc de Cumberland avantageuses, c'est sur cela & sur quelques Lettres de Paris du vingt-six Aoust, que l'on a osé écrire, que le Maréchal de Richelieu n'avoit dans cette négociation que le merite de la signature, ces propos hazardés par la méchanceté & l'envie se detruisent d'eux mémes; En supposant pour un moment, que la convention du neuf Septembre ait été signée à Versailles, sans que le Général François, en ait eû la moindre connaissance, cette capitulation seroit-elle moins son ouvrage, puisque le Duc de Cumberland n'a demandé à traiter que pour se tirer

de

de la ſituation critique dans laquelle les marches ſavantes du Maréchal de Richelieu, & les Poſitions qu'il avoit priſes, jettoient l'Armée Hanovrienne.

Cette Convention ſouffrit le huit quelques difficultés, le Baron de Sporcken, General-Lieutenant de l'Armée du Duc de Cumberland, arriva le même jour au camp françois avec des inſtructions de ce Prince, qui applanirent toutes les conteſtations, & le neuf la convention fut ſignée par le Duc Cumberland & le Maréchal de Richelieu, on voit dans le préambule, que le Roi de Dannemarck, ſenſible aux malheurs auxquels les Duchés de Bremen & de Verdenn qui luy

 ont

ont appartenû autrefois, ſe trouvent expoſes dans les conjonctures facheuſes de cette guerre, à offert ſa mediation à l'Angleterre qui ſurement la luy avoit demandée, en conſequence ce Monarque dont on ne ſauroit trop reſpecter les vertus, ſtipule par la voix du Comte de Linar, qu'il eſt Garant de la capitulation, que les Chefs des deux Armées vont ſigner; cet acte utile à l'Angleterre, glorieux au Roi de Dannemarck, & avantageux à la france porte en ſubſtance, que les hoſtilités ayant ceſſé de part & d'autre, les trouppes auxiliaires de l'Armée Hanovrienne, ſçavoir celles de Heſſe, Brunswick, Saxe-Gotha, & même celles de la Lippe-Bückebourg ſeront renvoyées chacune

cune chez elles, que le Duc de Cumberland s'engage de passer l'Elbe avec la partie de son Armée, qu'il ne poura placer à Stade, les trouppes, qui entreront dans cette ville s'ont evaluées à cinq ou six mille hnmmes, elles y resteront, sous la garantie de sa Majesté Danoise, qu'elles ne commettront aucun acte d'hostilité, & reciproquement, qu'elles n'y seront pas exposées de la part des trouppes françoises, enfin il est convenû que le reste d'Armée Hannovrienne prendra ses Quartiers au delà de l'Elbe &c.

Le reste de la convention regarde les limites, qui seront fixées pour marquer l'etendüe, que les deux Armées pouront tenir, aux envi-

environs de Stade, il y à auſſi quelques articles ſeparés, qui éclairciſſent certains points, qui auroient pû jetter des doutes.

Le Comte de Linar en ſortant du cabinet du Maréchal de Richelieu ou il venoit de ratifier cet acte, dit aux Officiers françois, qui l'environoient: *Je viens, Meſſieurs, de vous arrêter dans vos conquettes, mais je n'ai rien diminué de vôtre gloire.*

Cet acte fut rendû public le dix, & le même jour le Duc de Duras, Lieutenant General, partit pour le porter à Verſailles, & le Duc de Fronſac Brigadier, à la cour de Vienne, cette commiſſion fut d'autant plus flatteuſe pour

pour ce jeune Seigneur, qu'il à l'honneur d'appartenir à la Maison de Lorraine, par feüe la Princesse de Guise sa Mére.

Mr. de Villemur, Lieutenant-General; & le Marquis d'Amezaga, Brigadier & prémier Aide-Maréchal des Logis de l'Armée, furent Envoyés à Stade pour l'exécution de la convention.

C'est ainsi, que cette Campagne glorieusement commencée par le Prince de Soubise, soutenüe avec succés par le Maréchal d'Estrées, vient d'être terminée avec eclat par le Maréchal de Richelieu, il reste à souhaiter, que le Roi de Dannemarck achéve l'ouvrage, qu'il à entamé, & que ses bons

offices

offices convertiſſent la tréve en une paix durable, il ne manque plus à ce grand Prince adoré de ſes ſujets & admiré de l'Europe, que le titre de Pacificateur, pour meriter tous les eloges, que la verité prodigue aux hommes univerſels.

F I N.

Errata.

Brakel liſés par tout: *Bracwede.*

Le Comte de Chabot, *Maréchal de camp*, liſés encore, pour quelques jours: *Brigadier.*

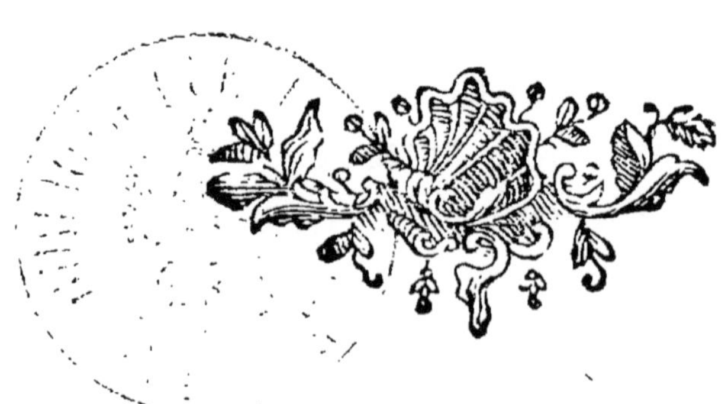

www.ingramcontent.com/pod-product-compliance
Ingram Content Group UK Ltd.
Pitfield, Milton Keynes, MK11 3LW, UK
UKHW020140200726
13856UKWH00003B/776

9 782013 051514